U0140263

我投資小型股,33歲
FIRE

遠藤洋 著

賴惠鈴 譯

專挑１年至少漲３倍的雪球小型股，選股達人心法68問

投資要獲利， 就是不斷練習做出正確的決定

以為是打發時間，卻賠掉辛苦的打工錢

我在《挑出穩賺股的 100% 獲利公式》這本書中的投資心法顛覆了大眾所有的一般常識，得到廣大讀者的支持，是銷售突破十萬本的系列作中最為暢銷的一本。

一般市場上認為，比起豐田汽車（Toyota）或索尼集團（Sony）這些大型股，若是投資在知名度及經營規模較小的小型股會有很高的風險。但是，我卻提倡集中投資那些小型股，這看在各位讀者眼中，似乎會覺得很新鮮。

我出生於 1987 年，今年 36 歲（2024 年），**在就讀東京理科大學的某年暑假，為了打發時間而開始投資。**

當時我幾乎沒有任何對於投資的知識，頂多只在電影或電視連續劇裡看到證券營業員出現的劇情。在這樣的情況下，我居然把去補習班當老師打工存下來的一點點錢，幾乎全部投資在 FX（外匯保證金交易）上。

儘管對投資股票或外匯一無所知，仍開立證券戶頭把錢存進去，開始操作美元的外匯交易。跳過百聞不如一見（聽人家說再多，不如親眼去瞧一瞧）的階段，直接進入百思不如一行（想再多，不如實際採取行動）的境界。

沒想到才短短兩週內，我就賠掉了所有的本金⋯⋯。

幸好當時沒有因此放棄投資，才有現在的我。當時我深切地反省「沒有知識就貿然投入戰場實在太天真了⋯⋯」，之後便把目標鎖定於股票投資，買書和雜誌回來研究，從最基本的基礎開始學習。

為了再次挑戰進場投資，我繼續在補習班打工當老師，存下投資股票的本金。

訓練選出潛力股的眼光

大學時代，由於身邊並沒有投資股票的朋友，我只好靠自己的方式繼續投資。

大學時代的投資有賺有賠，其實並沒有賺到太多錢，真正有比較豐碩的成果是在我進入新創企業上班後。

我進入一家名叫 OpenDoor（3926）的公司工作，該公司有一個旅遊比價網站「TRAVELKO」，目前已是在東證 Prime[1] 上市的公司，但在當時還是一家沒沒無名的新創企業（2010 年剛進公司的時候尚未上市，2015 年先在舊東證 Mothers 上市，隔年 2016 年才在舊東證一部上市）。

所謂的新創企業[2] 是人少質精的精銳部隊，因此需要身兼多職。我才剛進公司還是新人的時候，就開始負責推廣新事業及招募新員工。

因為有了以上的社會經驗，我開始透過自己負責的工作陸續找到

---

1 東京證券交易所（Tokyo Stock Exchange）於 2022 年 4 月將上市企業市場別重新劃分為主要市場（Prime，原東證第一部）、標準市場（Standard，原東證第二部與 JASDAQ 的 Standard）、增長市場（Growth，原東證 Mothers 與 JASDAQ）。在本書中以舊東證區隔重新劃分後的東證。

2 新創企業指的是必須從零開始、高速成長、搶到市場第一具有獨特性，實現利基市場壟斷。在經營策略上與「創業」不同，創業可能是開一家店，其規模及成長有限。

「成長股」，獲得驚人的報酬（收益），累積金融資產。

舉例來說，北方達人股份有限公司（**2930**）的股價只花大約 **1** 年半的時間就漲了 **10** 倍，光靠這支股票就賺到破億的報酬。

以這類小型成長股為基礎進行投資所獲得的報酬，我上班 4 年後就離職自立門戶了。

如今我幾乎每天都過著吃喝玩樂（每年幾乎有一半的時間都在國內外旅行），與投資家朋友們分享資訊、交換意見的日子，拓展我的投資視野。

在達到這個境界之前，我其實也經歷過無數次的成功與失敗，最終，我得到的結論是「集中投資小型股」。

正因為比起大型股，小型股更具成長潛力，所以我對小型股充滿興趣及好奇並深入研究。也因為把寶貴的資金都集中投資在小型股上，所以投資人才會澈底地研究。

把雞蛋放在同一個籃子裡看看

在股票投資的世界裡，有一句很有名的格言是「別把雞蛋放在同一個籃子裡（Don't put all eggs in one basket）」。

萬一籃子掉下去，所有的蛋都會破掉。也就是說，如果把所有的資金都投資於同一家公司，萬一那家公司出問題，可能會血本無歸，所以要分散投資好幾支股票，或購買分散各種投資標的的共同基金。

然而，我想告訴各位——

「請盡可能把雞蛋放在同一個籃子裡。不過，要放進哪個籃子則需要經過絞盡腦汁的思考。」

這裡所謂的雞蛋指的是「錢」，籃子指的是「投資標的」。一般人都認為把錢分散在好幾個投資標的比較好，但是沒有太多本錢的散戶投資人如果想讓金融資產翻倍，盡可能把雞蛋放在同一個籃子裡才是最快的方法。

那麼，應該把雞蛋放在「哪一個籃子」呢？

本書以淺顯易懂、一問一答的練習題型式，從超基礎篇到應用篇為各位整理判斷時具體的方法。

股票投資也可以說是「把錢賭在對未來的預測上」，因此沒有「絕對的正確答案」。

也因此，一旦狀況改變，本書認為是正確答案的東西可能也會變得不正確。

雖然簡單地以正確解答來做說明，但更貼切的說法其實是「這麼做才對的可能性比較高」。

投資股票會遇到各種千奇百怪、意想不到的狀況，本書的目的是想幫大家培養出遇到狀況時、能靠自己找出接近正確解答的答案，並加以實踐的能力，**希望大家都能樂在其中地學習，從哪個角度來思考，更能提高投資股票的勝率？**

日幣與台幣快速比對	
10 萬日元	2 萬 2 千元 *
100 萬日元	22 萬元
1000 萬日元	220 萬元
1 億日元	2 千 2 百萬

* 實際為 21,980.55 台幣，為方便比對，取整數。
※ 編註：(1) 書中金額皆為日圓。(2) 匯率以 2024 年 8 月時間點的「1 日元 =0.22 新台幣」計算。

小本金滾出大獲

認為只要
重複停損與停利，
最後有獲利即可

完全不受眼前的
股價波動影響

關心的不是股價，
而是線圖及新聞

隨時客觀地
審視狀況

買賣不帶情緒，
而是以投資策略
為優先

一有風吹草動
就能明快地
獲利了結

一旦開始投資，
就會認真研究

投資前就知道
大致可以獲利多少

善用網路平台，
將其視為了解
市場氛圍的管道

可以想像持有的
股票會成長到
什麼地步

投資前就知道
大概會賠多少錢

事前充分掌握投資
企業的體質

有投資策略的人

一有風吹草動
就能明快地停損

別人推薦的股票，
一定會自行調查之
後再買

能具體地說明
「買這支股票」
的原因

澈底做好
資金管理

股價下跌也
在預料之中

利，差別在這裡！

誤以為賺錢是「實力」、賠錢是「運氣不好」

在意股價到睡不著覺

憑直覺或心情買賣股票

投入超過閒錢的資金在投資上

就算股價上漲也無法判斷什麼時候要賣

深信自己買的股票一定會上漲

很愛看「股市爆料同學會」之類的討論區

忘不了過去的成功體驗

股價一旦下跌就認為是買進的好機會

沒有做好賠錢的覺悟

沒有投資策略的人

會買投資客在網路上提到的股票

別人推薦什麼就買什麼

情緒隨著每天的股價上下波動

不會停損

股價一旦下跌就放著不管

ROAD MAP

✦ 如何靠集中投資小型股賺到 1 億圓 ✦

STAGE 1	資產 10 萬～ 100 萬圓

　　第一步就是到證券公司開設證券戶頭開始投資，然後再採取以下的行動，蒐集必要的資訊。

　　參考這本書的選股重點，先從預算內的股票中選擇 1 支個股，集中投資。**這時候，絕對不能分散投資好幾支個股！**

　　先集中投資 1 支個股，習慣股價波動、掌握股價的特性很重要，就算失敗也沒關係。即使股價下跌了 10 ～ 20％，必須執行停損也沒關係，因為用自己的錢得到寶貴的投資經驗，將來一定會有所幫助。

　　等到習慣股價特性後，再拿薪水或年終獎金的閒錢來投資，投資的獲利也要再投入，以增加投資額。

　　一開始可能遲遲無法獲得理想中的報酬。但是，請不要因此放棄。只要想到接下來可以透過股票投資大幅度地增加資產，這時的停損都只在誤差的範圍內。

　　即使最初花 10 萬圓購買的股票下跌，停損賠掉 2 萬圓，只要將這次學到的教訓運用於下一次的投資，將來投資 1000 萬圓的時候就能減少 200 萬圓的虧損。

　　在 STAGE 1，把集中投資小型股當作是「練習賽」。請不要對一時的損失耿耿於懷，而是要盡量挑戰，好迎接下一個階段。

STAGE 2　資產 100 萬～ 1000 萬圓

　　這個階段的資產很容易增增減減的，不過，應該會慢慢掌握到快速增加資產規模的重點在哪裡。

　　跟 STAGE 1 一樣，即使股價下跌了 10 ～ 20％、必須執行停損，也請不要氣餒，要繼續投資。萬一半途而廢，就錯過增加資產的機會。在投資股票的世界裡，「留在市場裡」比什麼都重要，這會讓將來的總資產差到 10 倍甚至 100 倍。

　　基本上，STAGE 2 也要專心投資於 1 支個股，即使因為資產增加，想要分散風險，也請控制在 3 支個股內。

　　對投資熟悉到一定程度以後，很容易貪多嚼不爛，但是不著邊際地分散投資只會增加虧損的可能性。持有太多支個股很容易分散追蹤訊息的專注力，尤其是還要忙著上班的散戶投資人，容易疏於管理每支股票。

　　為了避免這樣的狀況，請儘量鎖定 1 支個股集中投資。

STAGE 3　資產 1000 萬～ 3000 萬圓

　　如果能夠來到 STAGE 3，接下來會立刻輕鬆起來。

　　已經持有光是自己的買賣就會對股價造成重大影響的個股，就很難再集中投資 1 支個股，這時往往會意識到要分散投資，但最多仍不要超過 3 支個股。

無論總資產的金額變得再大，自己還是只有一個人。如果要一面觀察已投資的個股價格波動或相關新聞，還要一面尋找有潛力的個股，最好還是堅持集中投資的方針比較好。

請容我一而再、再而三地強調，請千萬不要過度地分散投資。至少必須掌握自己擁有哪些股票，正處於什麼樣的狀況。**因此，請絕對不要持有超過 3 支個股。**

在 STAGE 3，有些散戶投資人處於「雖然有一點資產，投資的績效仍不怎麼樣」，都是因為過度分散投資。

另一方面，股票市場有時候也會發生意想不到的狀況，因此到了這個階段，建議要準備好總資產的 10～20％為閒置資金（現金購買力）。

STAGE 4　資產 3000 萬～1 億圓

利用股票投資增加資產到這個階段後，對投資的心態和判斷幾乎都不會有大問題。資產規模愈大，分散投資的意識將愈強烈，但是即使到了這個階段，也請不要超過 5 支個股。

這個階段最重要的一件事，就在於別讓資產發生大幅的減損。如果資產只有幾百萬圓，就算賠掉一半也還能挽回，可是到了這個階段，萬一資產減少一半，受到的打擊將會非常非常大。

承續之前的作法，事先做好仔細的研究，盡可能以便宜的價位購買具有上升趨勢的小型潛力股。萬一找不到好標的，或

是覺得現在還不是買進的時機，不要勉強投資也是很明智的投資判斷。

至此，由於投資金額多半是以幾百萬圓為單位在流動，因此逐漸增加時間在投資上也很重要。**考慮到黑天鵝（Black Swans）[3] 之類的突發狀況，請把總資產的 20 ～ 30％換成現金，留在手邊。**

STAGE 5 資產超過 1 億圓

恭喜！資產突破 1 億圓大關的各位，在日本已經躋身前 3.5％的億萬富翁行列了。**資產一旦超過 1 億圓，請務必給自己一點獎勵。**以我為例，就送給自己長達 1 個半月的環南美洲一周的旅行。

賺錢固然重要，花錢享受人生更重要，沒有用掉的錢，就只是帳面上的一串數字而已。此外，即使已經來到這個階段，也要知道天外有天、人外有人。有很多現在還在當上班族的散戶投資人，都是從少少的金額投資增加到 2 億圓、3 億圓的資產。

可以將這些人當成目標，追求更龐大的資產額，但同時也要好好地思考自己追求的幸福到底是什麼。

當然，也有人會覺得投資股票這件事，本身就是一件幸福的事！

---

3 在金融市場上，人們將難以預測的極端事件稱為黑天鵝，例如金融海嘯、COVID-19。

CONTENTS

超基礎篇　　SUPER BASIC LEVEL
集中投資小型股的超基礎知識

基礎篇　BASIC LEVEL
如何找出成長股？

中級篇　INTERMEDIATE LEVEL

買賣的思考邏輯

高級篇　　　　　　　　　　ADVANCED LEVEL

找出3年翻10倍的股票！

財報和技術圖的分析和評估

集中投資小型股的超基礎知識

先從基本的部分開始複習吧！

Q1 投資不失敗的大前提是？

下列投資心態，
何者**不正確**？

❶ 不要把錢交給別人操作，而是自己認真學習之後再加以運用。

❷ 可能會有虧損，因此要用閒置資金來投資。

❸ 在股價上漲前，買進對投資很有研究、值得信賴的朋友所推薦的股票。

❹ 投資有賺有賠，要對自己負責。

提示👆 投資時不能怪罪別人。

正確答案

3

解說

就算是認識了 10 年、20 年的朋友，甚至是投資股票的專家，也不能在自己完全沒有研究之下就買進其他人推薦的金融商品。

聽到我這麼說，各位或許會想「這不是廢話嗎」，但其實有許多散戶投資人都會犯這種錯誤，而引起相當大的投資糾紛。

在不仔細研究投資標的、一知半解的情況下就進行投資時，就必須做好很有可能承受巨大虧損的心理準備。

未來的事誰也說不準，即使是專業的投資人也無法預測。

要是能知道未來的發展，正常人都會用自己的錢投資賺大錢吧！即使是值得信賴的人推薦的投資標的，也一定要先自己研究，在「自負其責」的大前提下進行投資。

除此之外，以下有幾個希望各位記住、絕對不能投資的例子，否則一定會後悔莫及。

- ☑ 購買不曉得在做什麼的公司股票
- ☑ 購買在網路上的投資社團蔚為話題的股票
- ☑ 只因為是一家知名度夠高的大企業，就買進股票
- ☑ 購買銀行或證券公司推薦的共同基金
- ☐ 把錢交給別人操作

POINT **「自負其責」是投資的大前提！**

Q 2　賺大錢的投資人其觀點爲何？

下列投資觀點，

何者**不正確**？

❶當沖（超短期交易）股票是只要有人獲利就會有人虧損的「零和遊戲」（zero sum game）。

❷投資獲利的訣竅，是找到「價值」而非「價格」比較低的公司（個股）來買進。

❸長期持有業績不斷成長的公司股票，有機會讓資產擴大到100倍以上。

❹投資的本質是持續把錢移到「價值」而非「價格」比較高的公司（個股）。

提示 👆「價格」是買東西時支付的金額，「價值」則是買東西時得到的收穫。換言之，投資機會來自於「價格與價值之間的平衡」。

| 正確答案 | 解說 |

❷

讓我們來仔細檢視每個選項內容。

① 即使都說是股票投資，但根據「投資的手法」，有些投資會變成充滿投機意味的金錢遊戲，而非預期該公司未來會賺錢，才把錢投資在那家公司身上。

② 比起「價格」，找出並買進「價值」高的公司（股票），是投資能獲利的關鍵。

公司的價格要看的不是「股價」，而是「市值」。Q3 也說明了何謂「市值」，簡而言之，就是買進整家公司時的「價格」。

可以用平常買東西的概念來思考，是不是會因為「價格」很便宜就亂買東西呢？如果想成為賺大錢的投資人，不能只看「價格」，也要觀察「價格」與「價值」之間的平衡，這點非常重要。

能賺大錢的投資人，買東西的標準是什麼呢？

X 價格＞價值＝買貴
O 價格＜價值＝買便宜

③ 假設買了同一支股票（個股），如果不是短期投資，而是藉由中長期的持有讓股價大幅度地成長為 10 倍、100 倍。如同 Amazon.com（證券代碼：AMZN）20 年來就成長了大約 2,000 倍。

④ 把自己的錢移到「價值」比「市值」（公司當時的價格）還要高的公司（個股）、慢慢養大資本，是投資時最基本的思考邏輯。

POINT 投資「價值」比「價格」高的公司，是投資的基礎。

Q3 哪些股票能成為飆股？

關於「股價」與「市值」，
何者**不正確**？

❶ 股價比較低的公司，將來大幅成長的可能性較高。

❷ 投資股價比較高的公司時，最低的投資金額也會增加 [4]。

❸ 市值比較大（高）的公司，未來股價不一定會上漲。

❹ 市值可以用「股價×流通在外股數」來計算。

提示👆「市值」是整家公司的價格，「股價」則是細分公司的所有權其中之一的價格。

---

4 日本股票最低交易單位是 100 股，因此如果股價為 1000 日圓的股票，最少須有 10 萬日圓的資金。在台灣買賣股票最小交易單位是 1 股，如果股價為台幣 1000 元的股票，最少須有 1000 元的資金。

解說

　　以高麗菜為例，「市值」是指一整顆高麗菜的價格，「股價」則是把一顆高麗菜切成細絲時「每一絲」的價格，是把整家公司的價格（市值）細分為「每一絲」的「單價」。

　　「豐田汽車」（7203）是日本市值最高的企業，其金額約為 38 兆圓（2024 年 8 月 12 日統計資料）[5]。

　　市值的意思是當下可以買下整家公司的價格，也就是說，只要有大約 30 兆圓，就能買下豐田汽車這家大企業。豐田汽車的股價約 2,400 圓，流通在外股數約 158 億股。換句話說，豐田汽車的股價僅占總股數的 158 億之 1 左右，由超過 81 萬名的股東各別保管。（以上數據皆為 2024 年 8 月 12 日資料）

　　市值可以用來衡量該公司的規模及日後的成長空間，但此時此刻的股價比其他公司高或低，與今後股價的成長空間一點關係也沒有。

　　可想而知，不是股價比其他公司低的公司，而是市值比其他公司低的公司才有成長空間，甚至是大幅成長的可能性。

　　從這個角度來思考，可以想見像豐田汽車這種市值已經很大的大企業，未來股價大幅成長的可能性並不高。投資股票很容易只看到股價，真正應該注意的是買下整家公司時的價格，也就是「市值」。

---

5 豐田汽車在 2024 年 4 月時，市值一度突破 60 兆日圓。台灣企業市值目前最高為台積電（2330），約 25 兆 11 億元（2024 年 7 月當時）。

POINT　　**請注意公司的市值，而非股價！**

Q **4** 什麼是「小型股」？

關於「小型股」 的說明，何者正確？

❶ 員工人數少於**50**人的小公司股票。

❷ 股價小於**1,000**圓、只要有**10**萬圓就可以買的公司股票。

❸ 員工平均年齡不到**30**歲的小公司股票。

❹ 市值比較小的公司股票。

提示👆 請試著從「小型」的標準，來思考投資的股票是否合理。

④

在東京證券交易所上市的公司，一共有 3,953 家（2024 年 7 月 31 日統計資料），可以大致分為大型股、中型股和小型股。而東京證券交易所配合「市值」與「流動性」，將 TOPIX（東證股價指數）分類如下。

> 大型股＝市值與流動性占前 100 名的個股（**TOPIX 100**）
> 中型股＝排在大型股之後，市值與流動性占前 400 名的個股（**TOPIX Mid400**）
> 小型股＝大型股和中型股以外的所有個股（**TOPIX Small**）[6]

投資人經常搞錯一點，那就是「小型股」不等於「低價股」。要把重點放在市值，而非股價。

這是我個人的標準，本書稱市值 300 億圓以下的個股為「小型股」，並視為「集中投資小型股」的對象。

當然，每種狀況各有不同，也會有例外；不過當市值超過 1000 億圓的話，就可以賣掉了。

小型股大致來說，除了東京證券交易所的 Growth 市場外，在名古屋證券交易所的 Next 市場、札幌證券交易所的 Ambitious 市場和福岡證券交易所的 Q-Board 市場上市的股票，都包含在內。

6　國際上依市值來判斷股票大小，可區分為四種：市值在 100 億美元以上為大型股（Large Cap），市值在 20 至 100 億美元間為中型股（Mid Cap），市值在 3 億至 20 億美元間為小型股（Small Cap），市值在 3 億美元以下為微型股（Micro Cap）。

POINT　**本書所指的小型股，是指公司市值 300 億圓以下的個股。**

Q5 什麼是「集中投資」？

關於「集中投資」的說明，何者正確？

❶ 全神貫注地盯著手機或電腦的畫面，專心投資。

❷ 盡可能集中投資於一家公司，而非好幾家公司。

❸ 盡可能把所有的錢全部放在一支共同基金。

❹ 盡可能把錢分散投資於好幾家公司。

提示 👆 請想想「集中」投資的模式，比較合理。

正確答案

②

解說

　　本書提倡的「集中投資」，是指將資金集中投資於一支股票。

　　共同基金或 ETF（上市公司投資信託基金），基本上是將資金分散投資於好幾個投資標的的金融商品，因此就算買的是共同基金或 ETF，也都屬於分散投資。

　　如果是全世界分散投資型的共同基金，光是一檔商品，就會分散投資在大約 3,000 支個股上。

　　本書的集中投資，是指投資在自己找到的個股（單一公司的股票）上。說的更詳細一點，**集中投資小型股的基本策略，是找到股價在 1 年內有機會成長 3 倍以上的小型股。**

　　一般人都認為，集中投資萬萬不可！但根據我從大學時代直到現在，所累積下來龐大金融資產的投資經驗，**我認為集中投資小型股才是散戶投資人最大的武器，**並付諸行動執行。

　　與分散投資的差異是，因為集中投資的投資標的非常單一，所以能夠對潛力股做出「找到標的→買進→賣出」這樣謹慎地投資判斷。

　　因此投資之後，要追蹤持股的資訊也很輕鬆方便。當投資成功，增加了可運用的金額，也可以多投資幾檔股票，但基本原則還是建議，最多不要超過 3 支個股。

POINT　　**投資金額不大的時候，請集中投資一家公司。**

Q 6

集中投資和分散投資的差異？

下列何者**不是**
集中投資的優點？

❶集中投資可以深入研究那家公司再來投資。

❷集中投資在投資後依舊可以仔細地追蹤業績及相關資訊。

❸集中投資雖然有風險，但也可望獲得高報酬。

❹集中投資的風險低於分散投資。

提示 🖐 一般人較推崇分散投資，但本書的主張剛好相反。

解說

　　一般人都認為，集中投資的風險高於分散投資。

　　想要降低風險，又想要獲得一定的報酬，把資產分散投資於許多支股票比較有效果——哈利·馬可維茲（Harry Markowitz）利用現代投資組合理論（Modern Portfolio Theory）證明了這一點，並於 1990 年榮獲諾貝爾經濟學獎。可見得在資產配置的世界裡，分散投資已經被視為常識。

　　然而，分散投資只對擁有上億資產的有錢人才真正有效益。

　　本金極為有限的一般散戶投資人如果希望金融資產翻倍，我建議集中投資，而非分散投資。

　　集中投資一家公司的風險確實很大，不過，押對寶時的獲利也很驚人。如果不敢在可能的範圍內勇於冒險，就無法得到比一般人多的報酬。

　　集中投資必須比分散投資更慎重才行。如果是分散投資，很容易聽到誰推薦什麼股票，也沒仔細研究就隨便亂買，但若是集中投資，一定會更認真地研究。

　　當然，你在研究要不要投資的時候，就會加強對投資標的的理解。不僅如此，因為是自己精挑細選的個股，所以即使是投資以後，也比較容易追蹤每天的相關報導或股價的變動。

　　一般人都不想承擔集中投資的風險，但也因為集中投資的風險比較高，獲利更值得期待。

POINT　**與其亂槍打鳥地分散投資，我比較推薦認真地集中投資。**

Q 7 什麼是分散投資所沒有的優點？

關於集中投資與分散投資的說明，下列何者**不正確**？

❶ 一般人傾向於認為集中投資的風險比較高、分散投資的風險比較低。

❷ 分散投資是可望降低風險並取得到報酬（獲利率）的投資手法。

❸ 如果你是第一次投資，最好在可能的範圍內把資金分散在多檔個股上。

❹ 集中投資則是把資金集中投資於精挑細選的極少數個股上。

提示 請思考集中投資的理由，而非一般人建議的分散投資。

正確答案

❸

解說

現代投資組合理論已經證明，分散投資具有降低風險、可望從將來長期操作資金獲得平均報酬的效果。

問題是，這也可以說是紙上談兵。我個人並不建議上班族或公務員、個體戶等擁有本業的散戶投資人分散太多投資標的。

這是因為一旦分散投資太多個股，無論是選擇投資標的，還是投資後的追蹤，最後都會變得雜亂無章。

共同基金是分散投資的代表案例，市場上一般認為藉由買入共同基金，不僅可以降低價格波動的風險，還能同時鎖定整個市場的資本利得。

然而，倘若你希望自己原有的金融資產能在 10 年內增加為 10 倍或 100 倍，就不適合選擇共同基金做為實現這個目標的手段。

如果想讓原有的金融資產翻倍，就得集中投資於精挑細選的極少數個股上。

從白手起家到建立起 1,078 億美元（以 1 美元兌 145 日圓換算約 15.6 兆日圓）的巨額金融資產，人稱「投資之神」的華倫·巴菲特（Warren Edward Buffett）曾經不假辭色地說：「分散投資是為了避免無知。對於知道自己在做什麼的人而言，分散投資毫無意義。」

POINT 　**如果希望資產翻倍，請務必集中投資而非分散投資。**

Q 8 集中投資與投資共同基金的差異？

關於共同基金的說明，
何者**不正確**？

❶ 共同基金像是「一籃子值得推薦的個股」。

❷ 有些共同基金的手續費很貴，因此不要隨便買。

❸ 證券公司或銀行，都是靠販賣共同基金的手續費賺錢。

❹ 比起自己挑選投資標的，由專家幫忙選股的共同基金可望獲得更高的報酬。

提示 證券公司或銀行推薦共同基金，是有原因的。

正確答案

④

解說

名為共同基金的金融商品，就像是把股票（個股）等投資標的打包成一袋商品；像是把科技概念股打包成一袋、把醫藥概念股打包成一袋、把全世界公司的股票打包成一袋、國債及公司債等債券、不動產、貴金屬及農產品之類的大宗商品，各有各的賣點。

首先，請各位一定要了解到一點，那就是共同基金是證券公司及銀行的「金雞母」。

證券公司及銀行主要是靠販賣共同基金等金融商品給一般投資人，或幫一般投資人從事資產管理所獲得的手續費營利，因此很容易推銷手續費比較貴的共同基金。

看在投資新手眼中，或許會覺得選擇投資標的很傷腦筋，與其靠自己研究、不如把錢放在由專家選股的共同基金，應該可以獲得比較好的報酬。

可是，倘若買進的共同基金 1 年內價格完全沒有波動，持有的期間也會一直被扣代操手續費（信託報酬），所以還是會發生幾％的損失。

持有共同基金的期間愈長，證券公司或銀行就能從你身上賺取更多的手續費，只有購買共同基金的投資人要付手續費，一直承受損失。許多人都因為買進股票或不動產發大財，但至少我從未見過有誰是因為買共同基金而大翻身的。

POINT

共同基金，是讓證券公司或銀行賺錢，而非讓投資人獲利的金融商品。

Q 9 美股與日股的差異？

關於美股的說明，
下列何者<u>不正確</u>？

❶ 美股是指Amazon.com（AMZN）或Apple（APPL）等在美國的股票市場上市的公司（個股）。

❷ 美股比日股更能獲得穩定的報酬。

❸ 美股只能用美元購買，股利分配及賣出股票的獲利，也都是以美元計價。

❹ 美股有很多世界知名的全球企業，市值一般都比日股大。

提示👆 1989 年的全球市值排名前 20 名中，日本企業就占了 7 成，但是到了 2022 年，前 20 名中有 7 成以上都是美國企業，日本企業連一家也沒有。

正確答案

❷

解說

　　一般來說，大家可能會覺得美股的投資績效比日股更好。觀察過去30年來（截至2021年）的績效，美股確實表現得比日股好非常多。

　　然而，不管過去的績效再好，也無法保證今後也能創造穩定的獲利。**過去是過去，未來是未來。**

　　當然，美股有很多傑出的環球企業，但是也有很多市值大幅增長的企業，如果考量之後是否還有很大的成長空間，則不算是具有吸引力的投資對象。

　　另外，美股只能用美金購買。要從日本買美股時，得先把日圓換成美元，再用美元去買股票，這麼一來就會產生「匯率風險」。

　　如果是以「領日圓薪水，想透過投資來增加美元的資產」、「現在日幣太便宜了，想避開日圓貶值的風險」的目的來買美股，用美元來投資美股也是很有效的方法。

　　只不過，萬一日圓升值，資產可能會減少。無論如何，最好不要只因為過去投資績效好就隨便買美股。

POINT **過去的績效與未來的績效，不一定有關連。**

Q 10 要怎麼靠股票賺錢？

關於投資股票的敘述，
下列何者<u>不正確</u>？

❶只要投資的公司業績高於市場期待，股價就會上漲。

❷就算沒有事實根據，光靠風聲或期待，股價也會上下波動。

❸只要持有股票，就有權利分得公司一部分的獲利。

❹資金愈大，將能得到愈高的回報（投資金額的獲利比例）。

提示👆 有很多投資的常識，其實根本是錯誤的認知。

正確答案

④

解說

　　一般人都認為，有很多錢的人在投資股票上比較有利，或是覺得散戶投資人再怎麼努力也無法打敗有大量資金可以運用的法人。不過我想告訴各位，才沒有這回事呢！

　　以相同的報酬率（收益占投資金額的比例）而言，資金雄厚的人確實比較容易得到更大的報酬（獲利）。

　　然而，在投資的世界裡，資金愈雄厚，績效表現反而可能愈差。

　　這就是所謂的「規模不經濟」（Diseconomies of Scale）[7]。

　　尤其是集中投資小型股時，由於投資標的的市值比較小，具有流通在市場上的股票數量也比較少的趨勢。

　　投資股票的買賣比較少（成交量比較低）的小型股時，如果資金雄厚，自己的進出可能會使股價劇烈地上下震盪。

　　因此，資金較雄厚的法人比較難以介入小型股，而這正是散戶投資人集中投資小型股的機會。

　　正因為散戶投資人可以運用的資金只有十多萬～幾百萬圓，集中投資小型股反而是有贏面的投資。

7　由於企業規模不斷擴大，內部結構也因而擴大變得更複雜，造成內部資源消耗、成本增加，使邊際效益逐漸下降，甚至呈負值。

POINT

資金充沛的法人無法投資的小型股，更是散戶投資人應該鎖定的標的。

Q 11　股價什麼時候會下跌？

關於股價下跌時的例子，
下列哪些**不正確**？

❶ 財務報表的業績明明很好，仍達不到市場的預期時。

❷ 除權息的隔天。

❸ 財務報表的業績明明很差，卻高出市場預期時。

❹ 發生大規模的裁員時。

提示👆 即使對大多數人而言是利空的消息，對投資人而言也可能是
利多的好機會。

正確答案

③ ④

解說

　　股價的波動不只取決於業績的好壞，市場預測（期待）財報內容好不好，也會對股價波動造成很大的影響。

　　像選項①，即使財報公布的業績頗為亮眼，如果沒有超越市場的期待，也會成為股價下跌的主要原因。

　　以卡通《哆啦A夢》裡的人物為例，每次考試都能考到100分的出木杉同學，這次只考了90分，低於其他同學的預期，明明已經考了高分，評價卻變差了。

　　相反地，像③那樣即使財報公布的業績很差，股價不僅沒有下跌，反而上漲的例子也有。

　　那是因為業績雖然不好，還是高於市場的預期。就像每次都考零分的野比大雄、這次居然考了30分，遠高於其他同學的預期，分數明明很難看，評價卻變好了。

　　另外，業績夠出色的話，股東還能分配到公司一部分的獲利（也就是所謂的「股利分配」）。

　　如果想領取股利，就必須在公司公告的「除權息日」前一天買進、在「最後過戶日」前完成過戶並持有股票，就能參與股利分配[8]。有很多投資人為了在除權息當天能領到股利分配，會先買入股票，也因此推升了股價。

　　然而，像②那樣已經確定能領到股利分配後，就會有很多投資人賣出股票，導致股價下跌。

　　而像④那樣進行大規模的裁員，或是因為撤除、合併營業據點所造成的裁員，或許會給人不景氣的代名詞的印象。

不過，企業宣布裁員時，股價不僅不會下跌，反而還會逆勢上漲。

因為投資人會認為裁員能縮減人事費用，使公司的利潤增加。身為員工，想必人人聞裁員色變，但是對投資人而言，卻是樂見其成的企業整頓。

---

8 日本與台灣的股票交易都是 T+2 交割機制（交易完後 2 天才會過戶），因此，若想領取股利股息，最晚購買股票的日期＝除權息交易日前 1 天 +2 個工作天。

> 對投資人而言，裁員其實是好消息！我也想成為討投資人喜歡的老虎！

POINT ! **財報公布後，股價的變化會取決於是否超乎市場的預期。**

Q 12 股價什麼時候會上漲？

下列何者是股價上漲**最主要**的原因？

❶ 財報公布了亮眼的業績。

❷ 宣布股票分割。

❸ 公布全年業績向上修正。

❹ 掛買的股票比掛賣的股票多。

提示👆 或許大家會認為只要業績夠好，股價就會上漲，但導致股價上漲其實還有更貼近本質的因素。

43

正確答案

④

解說

　　乍看之下可能會覺得，前頁的 4 個選項似乎都是推升股價的主要原因。但是，股價的波動終究還是取決於眼前「賣出」與「買進」之間的平衡，換句話說，股價是由需要與供給的比例來決定。

　　假如掛買的股票比掛賣的股票多，股價會上漲；相反地，如果掛賣的股票比掛買的股票多，股價就會下跌。

　　所有的選擇，都只是促使股價上漲的契機。只不過，（1）～（3）的情況反而經常會造成股價下跌。因為如前面的問題所述，**即使公布的業績再好，若無法超越市場的預期（期待），股票就會慘遭拋售，導致股價下跌。**

　　當公司宣布業績向上修正時，股價之所以會上漲，其實只是因為「由於公司宣布業績向上修正，導致想買進那家公司股票的人變多了」。

　　日本的股票市場是以 100 股為單位來買賣，經由股票分割降低最低買入單價後，就連一般的散戶投資人也很容易入手。

　　宣布股票分割後，投資人會產生「想買進那家公司股票的投資人應該會增加」的期待，進而推升股價。

　　不過，依照近年來的行情來看，通常宣布完股票分割後，股價會稍微向上攀升，但實際進行股票分割時，股價反而下跌的情況。

POINT

購買股票的人愈多，股價就會上漲；賣出股票的人愈多，股價則會下跌。

Q 13 股價為何會上漲？

下列何者不是
股價上漲的主要因素？

❶ 雖然沒有得到投資人的青睞，利益仍有顯著的提升。

❷ 被投資圈的名人在網路上點到名，使得股票一夕爆紅，許多投資人搶著買進。

❸ 事業雖然還沒有起色，卻宣布要跟實力堅強的企業合作。

❹ 事業雖然尚未正式展開，已經在IR（投資人關係）發表「開始推出新事業」。

提示 股價是由需要與供給決定，只要大部分的投資人買進，股價就會上漲；有許多人賣出，股價就會下跌。

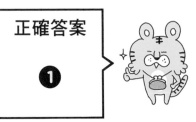

解說

　　無論業績再好，無論公司持有多少資產，只要不受投資人青睞、只要沒有人願意買進股票，股價就不會上漲。就像無論學歷再好、收入再高、身高再挺拔、溝通能力再厲害、性格再善良，只要沒有人認識這個人、不知道這顆蒙塵的珍珠，就遇不到命中註定的戀人。

　　目前股價上漲的關鍵重點在於對於未來業績及事業發展的「期待感」，而非現在的業績或事業內容。因為，這會讓許多投資人開始注意到這支股票並開始購買，股價自然就會上漲。也就是說，即使是未上市的新商品、新服務，光是宣布接下來預定要與其他公司合作或併購的消息，就能讓投資人基於對未來的期待而買進這支股票的話，即使現階段尚未創造出營收或獲利，股價也會上漲。

　　只不過，光靠投資人的期待感急速上漲的股價，一旦期待落空，股價也會在瞬間崩跌。像是預定要上市的新產品、服務沒能如期上市，或是上市後不符預期，又或者是與其他公司的合作案胎死腹中，使得投資人大失所望，股價就會暴跌。

　　對「我將來要成為大人物！」這句話充滿期待，全心全意地支持對方，後來才知道這傢伙是個好吃懶做的小白臉，落得人財兩失的下場……。就連上市公司也會發生這種恐怖的鬼故事。

　　期待股價具有中長期上漲的獲利，能一直放心持有的股票，基本上都是實際業績有不錯的成長、實力雄厚的公司。

POINT 目前的股價可能是因為短期的期待感所造成的劇烈變動，所以要特別小心。

Q 14 什麼是「PER」？

關於 PER（本益比）的說明，
下列哪些是不正確的？

❶本益比1倍的意思，是指那家公司1年可以賺1個股本。

❷當本益比100倍的公司稅後淨利成長為10倍，本益比會變成10倍。

❸當本益比10倍的公司稅後淨利成長為10倍，本益比會變成100倍。

❹一旦計算出本益比，直到下一次財報公布前都不會有所變化。

> 提示 本益比是用來預測「買下那家公司的金額幾年可以回收？」的指標，假設本益比 10 倍，意指 10 年（每年獲利不變的話）就能收回投入的金額。

解說

本益比這個指標是根據稅後淨利，判斷幾年可以收回股本的指標。

① 根據稅後淨利，本益比 1 倍的意思是只要 1 年就能收回股本。本益比 10 倍的話要 10 年，本益比 100 倍的話要 100 年。

因此本益比愈低，可視為「低價股」的一個參考指標。合理的本益比為東京證券交易所上市的股票平均本益比，大約 15 倍左右。

只不過，這是建立在「每年都能維持現在的稅後淨利」這種幾乎不可能發生的前提條件下，所以最好別太在意本益比。

② 本益比 100 倍，是指要花 100 年才能夠回收以市值買下整家公司的金額（假設每年都能維持現在的稅後淨利）。

然而當稅後淨利成長為 10 倍，明明要花 100 年才能回收的金額只要 10 年就能全額回收了。所以說本益比只不過是用來判斷的粗略標準。

③ 本益比 10 倍則是指在稅後淨利相同的前提下，只要花 10 年就能回收以市值買下整家公司的金額。可是當稅後淨利成長為 10 倍，只要 1 年就能回收。

④ 本益比的計算公式為「市值 ÷ 稅後淨利」。基本上，稅後淨利一旦計算出來就不會隨便變動，但是只要有開盤，市值就會隨股價不斷變動。

為了掌握更正確的數字，請養成自己計算本益比的習慣。同樣地，Q15 提到的 PBR（股價淨值比），也要學會怎麼計算會比較好。

請記住，公司的「盈餘」可分為 5 種！

營業收入

營業成本
（原料費用）

營業毛利（毛利）

管銷費用

營業利益

利息支出等等

經常利益

業外支出
業外收入

稅前淨利

所得稅等等

稅後淨利（最終盈餘）

$$\text{PER（本益比）} = \frac{\text{市值}}{\text{稅後淨利}}^9$$

$$\text{本益比10倍：} \frac{\text{市值100億圓}}{\text{稅後淨利10億}} \rightarrow \text{10年可收回本金}$$

$$\text{本益比100倍：} \frac{\text{市值100億圓}}{\text{稅後淨利1億}} \rightarrow \text{100年可收回本金}$$

---

9 通常在台灣看到的 PER 計算方法，是「股價 ÷ 每股盈餘（EPS）」，概念同樣是「買進幾年後（每年維持同樣的利潤）可以回本」。

> **POINT** 本益比是指依市值買下整家公司時，根據稅後淨利來判斷要花上幾年才能收回本金的指標。

Q 15 什麼是「PBR」？

關於 PBR（股價淨值比）的說明，

下列**哪些是不正確**的？

❶ 股價淨值比2倍，是指用1萬圓販賣裝有2萬圓的錢包。

❷ 股價淨值比1倍是上市企業的平均數值，既不算貴也不算便宜。

❸ 股價淨值比10倍的公司，很可能是會以勢如破竹的速度急劇成長的企業。

❹ 股價淨值比0.5倍的公司，是指如果以那個價格買下整家公司，賺到錢的可能性很高。

提示 👆 股價淨值比是根據「公司保有的資產」衡量那公司夠不夠便宜的指標。打個比方，股價淨值比 1 倍，就像以 1 萬圓（市價）販賣裝有 1 萬圓的錢包（公司）。

解說

股價淨值比 1 倍，是指那家公司保有與市值相同的「資產」。

高出股價淨值比 1 倍愈多，表示那家公司的市值遠高於資產，低於股價淨值比 1 倍愈多，表示那家公司的市值遠低於資產。

多少會有些許變動，但上市公司的平均股價淨值比約為 1.2 倍左右（本益比如前所述，平均 15 倍左右）。

①的股價淨值比 2 倍，是指公司擁有的資產只有市值的一半，因此等於是「以 2 萬圓販賣裝有 1 萬圓的錢包」的狀態。

②的股價淨值比 1 倍是指公司擁有的資產與市值相同，因此等於是「以 1 萬圓販賣裝有 1 萬圓的錢包」的狀態，但這並不是平均的狀態。

③的股價淨值比 10 倍，是指公司擁有的資產只有市值的 1/10，因此等於是「以 10 萬圓販賣裝有 1 萬圓的錢包」。

除非以勢如破竹的速度急劇成長，或是可望將來具有高度的成長性，又或者是投資人基於一時的期待感買入這家公司的股票，否則不可能出現這麼高的股價淨值比。

④的股價淨值比 0.5 倍，是指公司擁有市值 2 倍的資產，因此等於是「以 5,000 圓販賣裝有 1 萬圓的錢包」。

假如買下這家公司所有的股票，再賣掉全部的資產，理論上應該能得到相當於投資額 2 倍的獲利。

事實上不可能以現在的股價買下整家上市公司，就算能買下所有的股票，也無法以會計上記錄的「帳面價格」賣掉所有的資產。

話說回來，股價淨值比愈便宜的公司，業績基本上也都不太好，

請不要只因為股價淨值比很低就隨便買入。

$$\text{PBR（股價淨值比）} = \frac{\text{市值（股價）}}{\text{公司所有的淨資產（每股淨值）}}$$

股價淨值比1倍：$\dfrac{\text{市值100億圓}}{\text{資產100億圓}}$ → 以100億圓販賣裝有100億圓的錢包

股價淨值比10倍：$\dfrac{\text{市值100億圓}}{\text{資產10億圓}}$ → 以100億圓販賣裝有10億圓的錢包 太貴

股價淨值比偏低的企業排名

順位	證券代碼（上市市場）	股票名稱	股價淨值比（倍）
1	8416（Standard）	高知銀行	0.12
2	8537（Standard）	大光銀行	0.14
3	8560（福證）	宮崎太陽銀行	0.15
4	5210（Standard）	日本山村硝子	0.17
4	8392（Prime）	大分銀行	0.17
4	8554（福證）	南日本銀行	0.17
7	8360（Prime）	山梨中央銀行	0.18
7	8558（Prime）	東和銀行	0.18
9	6416（Standard）	桂川電機	0.19
9	8386（Prime）	百十四銀行	0.19
9	8550（Prime）	櫪木銀行	0.19

2023年4月27日統計資料

---

10 本益比與股票淨值比通常是用來判斷一間公司的股價是否合理，前者用來分析獲利穩定的公司，後者用來分析獲利不穩定或虧損的公司。

POINT > 股價淨值比的數值僅供參考 [10]。

要怎麼靠股票賺錢？

要怎麼靠投資股票來獲利呢？

許多散戶投資人還沒搞清楚這個問題就先投資下去了。也許是聽信財經雜誌或網路上推薦的明牌、自己沒有好好研究就買進，結果賠了一大筆錢；也可能是稍微有一點帳面獲利就賣掉……。

總結來看，不是只賺到一點點蠅頭小利，就是賠錢出場的案例。

那麼，到底該怎麼做才好呢？這個答案非常明確。那就是購買提供大家想要的商品、服務，業績持續上升的公司股票。

如果要再補充一點，那就是要在這些公司的股票還有成長空間的時間點買進，如果已經沒有成長動能，就要賣掉。

無論時代如何演進，這點都不會改變，這也是想藉由投資股票獲利的不二法門。除此之外的其他訊息，都只不過是稍微提升投資成功率的「贈品」而已。千萬不要被各式各樣的資訊所惑，迷失投資的本質。

只要讓時間站在自己這邊，不要迷失投資的本質，資產應該就會隨著時間的過去而增加。

如何找出成長股？

接下來是基礎篇！投資的重點，就在於要澈底地打好基礎！

Q 16 哪些股票最好不要碰？

以「投資的股價會隨業績成長而上漲」的公司為例，選出一個<u>不合適</u>的做法？

❶ 看到站著吃牛排的餐廳大排長龍，買進經營那家連鎖餐廳的公司股票。

❷ 得知有家健身中心不斷展店，買進母公司的股票。

❸ 買進掀起話題、使用者大增的手遊公司股票。

❹ 偶然間看到有家生技公司正著手開發新藥的新聞，買進那家公司的股票。

提示👆 當股價伴隨著業績成長而上漲，表示那家公司的營業收入及利潤正如實地成長。

正確答案

4

解說

以上所有的選項，都是投資時經常會遇到的狀況。

①～③ 都伴隨著實際有客戶上門光顧、不斷展店的事實，只有 ④ 的「著手開發新藥」，是基於對未來的期待感所做的投資決策。

話說回來，新藥的研發需要大量的成本與時間，是進入門檻很高的事業。就算成功地研發出新藥，在得到國家認證前還有許多的障礙，加上隨著市場環境變化有許多未知數，或許根本無法得到期望中的高報酬。

近 20 年來研發新藥的成功率減少一半，也成了製藥產業相當頭痛的問題。

在「著手開發新藥」的階段還看不到清晰的未來，接下來的不確定因素太大了，不得不承認風險非常高。

當然，如果已經做好承受這些風險的心理準備，以買樂透的心情用閒置資金來投資，倒也不是不行。

唯有顧客實際購買那家公司提供的商品或服務，對營收及利潤有貢獻，才能確實地推升股價。

不只是對未來的期待感，投資具有實際成長空間的公司，才是穩健的投資。

POINT
投資營收與利潤一起成長的企業，是投資的基本概念。

Q 17 股價什麼時候會下跌？

下列何者**不是**造成股價大幅變動的主要原因？

❶ 推出前所未有的新商品、服務，因備受矚目導致股價上漲。

❷ 出現個資外洩或重大弊案的新聞，導致股價下跌。

❸ 因為COVID-19疫情蔓延全世界，消費者減少外出，導致股價下跌。

❹ 東京都心[11]的高速公路發生車禍大塞車，導致股價下跌。

---

11 東京都中心的主要辦公區域，包括千代田區、港區、中央區。

> 提示 👆 即使是日常生活中的新聞，也會造成股價的變動。

解說

　　對股價影響最小的是 ④，因為車禍幾乎每天都會發生，不太可能因此就對股價造成影響。

　　如果是 COVID-19 疫情的大流行或俄羅斯攻打烏克蘭這種世界級規模的天災人禍、個資外洩或財報造假等對經營造成重大影響的事件，股價就會有劇烈變動。

　　只不過，就算是利空消息，股價也不見得一定會下跌。

　　當 COVID-19 疫情十分嚴峻的時候，許多國家都禁止人民外出或實施封城，因為沒有客人上門，觀光業或旅館業、外食業等相關產業的公司股價紛紛重挫，但是像外送的出前館（2484）、提供線上醫療服務的 Medley（4480）、宅急便的 SG（佐川）控股集團（9143）等等，因應居家需求的公司股價反而大漲。

　　和 COVID-19 疫情剛開始肆虐的 2020 年 1 月底比起來，出前館的股價漲了近 4 倍、Medley 和 SG（佐川）控股集團股價漲了約 5 倍。

　　由此可見，即使從某個角度看來可能是會對股價造成重創的利空消息，只要換個角度切入，就能找到有機會獲利的股票。

POINT

對股價造成打擊的新聞，也可能也是推升股價的機會。

Q 18　該如何找出投資標的？

下列何者**不是**評估投資標的時的標準？

❶鎖定員工的平均在職年資達10年以上的公司來做篩選。

❷鎖定上市5年以內的公司來做篩選。

❸鎖定總經理的持股比例高達50％以上的公司來做篩選。

❹鎖定市值100億圓以下的公司來做篩選。

提示👆 投資人心目中的「好公司」，是投資後會大幅成長的公司。

正確答案

❶

解說

員工的平均在職年資較長的公司或許是幸福企業沒錯，但幸福企業不見得是股價會上漲的公司，這點要分開來看。

一般員工平均在職年資較長的公司，多半的業績表現不溫不火。這種公司或許很適合「防禦型投資」，但是不太適合想讓資產倍增的「攻擊型投資」。

另一方面，上市5年內的公司基本上都被視為還有很大的成長空間。倘若能利用上市取得的資金及知名度、社會大眾對這家公司的信賴來擴大事業版圖，在這個階段的公司很有可能是未經琢磨的鑽石。

此外，集中投資小型股時，身為經營者的總經理是否也是大股東、是否擁有自家公司的股票，是一個相當重要的參考指標。

原因是在推升股價、提高給股東的股利這點上，經營者與投資人的利害關係是一致的。

比起從底層上班族拚搏上位的「受雇經營者」，持有大量自家公司股票的經營者更容易產生推升股價及提高股利分配的動力，這是因為推升股價（＝增加市值）與自己的利益息息相關。

關於④，前面也一再提到，市值比較小的小型股通常比較有成長空間。

POINT **經營者是大股東，與投資人利害關係一致的公司最有希望。**

Q 19 什麼樣的公司是比較有機會獲利的投資標的？

選出一個**最理想**的
投資範例。

❶ 購買證券公司的分析師在報告中建議「買進」的公司股票。

❷ 購買握有熱門動畫版權或商品化權[12]的公司股票。

❸ 購買證券公司推薦的共同基金。

❹ 購買有名的投資人在網路上推薦的公司股票。

---

12 「商品化權」是由日本學者從英美法 「Merchandising Right」一詞翻譯而來，其定義一般指對真實或虛構人物、作品名稱或片段，或其他廣為熟悉的形象，享有獨占性的商業使用權利。資料參考來源：萬國法律基金會。

提示👆 不妨把好的投資換成「比較有機會獲利的投資」來思考。

正確答案

❷

解說

　　找出坊間流行的商品、服務，買下販賣那些商品、服務的公司股票，這是投資股票的基本心法之一。

　　從以提供資訊給投資人為目的，由證券公司分析師的報告中提到的公司分析或評價、投資股票的資訊網站上，都可以看到他們推薦投資人買進的股票。

　　但那些頂多只是分析師或網站自己的評價，最好不要輕信那些評價，更不要輕易地買進。

　　去大受好評的餐廳點最受歡迎的菜單，通常不會踩到地雷，萬一踩到地雷，損失大概也還在可以接受的範圍。不過，當投資的金額太大，有時可能會承受相當大的損失，這點要特別留意。

　　而且，證券公司推薦的共同基金通常都是手續費很高的金融商品。這些金融商品不管價格上漲還是下跌，證券公司都不會有直接的損失。由於是透過買賣金融商品收取手續費紮紮實實賺錢的商業模式，最好不要太相信這些公司推薦的金融商品。

　　在〈超基礎篇〉最後的 Column 也提到過，**近年來最常看到的失敗案例，是買了在網路上討論得很熱烈的股票。**

　　只要運氣好，在剛起漲的時機買入，等股價上漲到一定的金額再賣掉，就能賺取價差，問題是實際操作沒有這麼簡單。

　　事後要怎麼分析股價上上下下的結果都可以，但是誰也不知道股價接下來會怎麼波動（知道的人早就變成億萬富翁了）。

　　網路上話題炒得火熱的股票，通常具有短期內暴漲後在暴跌的特色。

　　如同「魚頭和魚尾留給別人吃」這句話所說，就連投資的專家也

很難在股價最便宜的時候（魚頭）買進，在最高的價位（魚尾）賣出[13]。

如果能吃到美味的「魚身」就算了，萬一在股價最貴的天花板買進，投入的資金可能會一口氣大減。

順帶一提，在股價最高時買進的行為稱為「追高」，買在最貴的價位則稱為「套在山頂上」。

---

13 原文是「最便宜的時候（魚尾）買進，在最高的價位（魚頭）賣出」，但是以台灣比較普遍的講法是「魚尾留給別人賺」，因此修改為台灣慣用語。

不可以隨便買入別人推薦的標的喔！

POINT ! ＞ **最好不要碰金融機構推薦的金融商品。**

Q 20 什麼是不能做的投資？

選出一個
滿足可以投資條件
的範例。

❶ 值得信賴的友人偷偷透露，坊間傳說會漲的股票。

❷ 既可保本，每個月還能領到5％利息的FX自動買賣工具。

❸ 理專說名人也有投資、1個月就能翻2倍的投資案件。

❹ 可以用自己開設的證券戶頭買進的美國股票。

提示👆 由他人代操的資金，通常都拿不回來。

正確答案

❹

解說

投資久了，多多少少一定會聽到一些感覺很有賺頭的小道消息。

要是聽信那些小道消息，投入超過自己可以控制的金額，絕大部分的情況是 1 年以內一定會賠個精光。

如果想靠投資來增加資產，就算是值得信賴的朋友介紹，也不要隨便對別人推薦的投資案件出手比較好。

倘若真的想投資，請自行澈底地深入研究，然後在「最壞的情況是賠光所有投資的錢」的範圍內投資。

還有一種利用名為「龐氏騙局」的手法進行的投資詐欺，帳面上貌似有獲利，實際上是向新的投資人吸收資金，用那些錢來支付利息，這是行之有年的詐欺手法，但上當的人依舊多如過江之鯽。

此外，根據我的經驗，不只 FX，所有透過自動買賣工具進行的投資，最後都一定會出狀況。

許許多多的投資公司都致力於開發自動買賣工具，但是就我所知，目前市場上還沒有能穩定超越大盤績效的工具。

就算開發出這樣的工具，也沒必要賣給別人吧！只要自己運用那些工具來操作資金，應該很快就能變成有錢人。

POINT 「對自己負責」是投資最大的前提，一定要在自己能控制的範圍內操作。

Q21 如何判斷投資的時機？

為了掌握投資的時機，請問下列哪一個說明**不正確**？

掌握流行全貌的「創新擴散理論」（參照 **Q26** 解說）

商品、服務的擴大／普及

| 創新者 2.5% | 早期使用者 13.5% | 早期大眾 34.0% | 晚期大眾 34.0% | 落後者 16.0% |
| 衝向新消息的人 | 對流行敏感的人 | 比較謹慎的人 | 比較疑神疑鬼的人 | 最保守的人 |

普及率16%

Chasm
（既深又大的鴻溝）

時間

❶ 由於及早投資才能獲得豐碩的獲利，應該鎖定「創新者」的時間點開始投資。

❷ 即使在對流行敏感的人開始認知的「早期使用者」的時間點進行投資，應該也能得到足夠的投資報酬。

❸ 到了「晚期大眾」的人都已經進場的時候，企業的業績成長率也開始鈍化，因此比起股價上漲，更可以期待股利分配帶來的報酬。

❹ 一旦「落後者」也進入市場，股價很可能已經過了高峰，所以不能投資。

提示 投資的時機固然不能太晚，但太早的話可能也會發生其他人尚未反應過來的風險。

正確答案

❶

①乍看之下或許會覺得在「創新者」的階段投資能讓報酬最大化。

可惜無法在市場上普及,尚未抵達「早期使用者」的階段就消失於茫茫人海的商品或服務不勝枚舉,所以這個階段的投資風險也很大。

不用想也知道,倘若商品或服務的普及,後來得以迅雷不及掩耳的速度跨越 Chasm(普及前的鴻溝)大幅成長,難免讓人悔不當初,早知道就在「創新者」的階段先行投資。問題是,這麼做的風險實在頗高,所以不敢推薦給散戶投資人。

②一旦跨越「創新者」的門檻,也在「早期使用者」之間普及開來,就可以視為投資的機會來了。

跨越「鴻溝」後,商品、服務的普及率將一口氣提升,這個「半步前」就是最理想的投資時機。不能太早,也不能太晚。

③到了商品、服務已然度過普及的高峰,就連「晚期大眾」都進入市場時,股價不是正好來到高峰,就是已經開始走下坡了。

即使在這個時間點投資也無法期待股價繼續上漲,值得期待的報酬頂多只有經由股利分配得到的獲利吧!

④是連最保守的「落後者」都聞風而來時,那項商品或服務幾乎都已經走到生命週期的盡頭了。

股價早就已經開始走下坡,事業的業績大概也已經過了高峰,到了這個階段就不能再投資了。

POINT 不妨想成是在商品、服務普及到一定的程度,正要跨過「鴻溝」而未過的時機投資。

Q 22 股價的「成長空間」要以
什麼為參考依據？

下列何者為購買股票的
適當時機？

❶ 經營健身房的公司股票 ： 其所經營的新型態私人健身空間非常受歡迎、且於東京都內開設10家分店。

❷ 遊戲公司的股票 ： 在國內超過3000萬人下載的手機遊戲爆紅。

❸ 大企業夏普（6753）的股票 ： 在COVID-19的疫情大流行導致口罩不足變成社會問題時，公司著手進軍口罩事業。

❹ 經營受歡迎的立食牛排餐廳連鎖店的公司股票 ： 在國內開設400家分店。

提示 可以買股票的時機，是即使現在才開始投資也還能繼續成長的時候。反之，當現在很可能已經是股價高點的時候，則是不能買股票的時機。

正確答案	解說
❶	

購買股票的時機，在於那家公司的事業「具有成長空間」的時候。

無論商品、服務賣得再好，假如現在的業績已是頂點，股價接下來就沒有再成長的空間了。

千萬別忘了，「業績的成長空間」正是未來從要投資的公司獲取利潤的泉源。

那麼，什麼是業績的成長空間呢？根據這個問題的選項，請讓我帶大家具體地往下看。

①如果要在東京都內開 10 家分店，表示接下來很可能會在全國各地繼續增加分店的數量，因此很適合在這個時機投資。

②「國內超過 3000 萬人下載」，乍看之下是很吸引人的投資標的，但是考慮到日本共有 1 億 2000 萬人口，就代表使用者已經相當於全人口的 1/4，這麼一來就可推測成長空間可能沒有那麼大。

假設日本每 3 個人就有 1 個人下載這款手機遊戲，可以預測在日本市場已經是極限了。這麼一來，4000 萬下載可能就是這款手遊的天花板。

由此可知，已經有 **3000** 萬人下載的狀態，表示今後的成長空間只有 **25%** 左右，可以想見這個時候再來投資已經太遲了。

③大企業夏普因為 COVID-19 對口罩有迫切的需求，開始著手推動口罩事業，讓人充滿期待。但，這時千萬別忘了一點，夏普可是營業額高達 2 兆圓的大企業，就算口罩事業成功了，對夏普股價的影響也微乎其微。

事實上，夏普起初以 2980 圓販賣 50 片裝的口罩，就算全年可以賣出 1000 萬盒，大發利市，營業收入也只有 300 億圓左右。**從夏普**

整家公司超過 2 兆圓的營業收入來看，只能算是塞牙縫的貢獻。

話又說回來，在口罩極端不足的市場環境下，現有的廠商想必也會全力調整產線，日以繼夜地加速口罩的生產。就算夏普的口罩賣得再好，考慮到受到 COVID-19 的衝擊，夏普其他產品的營業額可能會衰退，夏普整體的業績不見得會變好。

④ 則是要觀察同為連鎖餐廳的分店數量排名，第 1 名的 Gusto 和第 2 名的薩莉亞都超過 1000 家分店，第 3 名以後開始遞減。可見餐飲連鎖店要從日本國內已有 400 家分店的規模再繼續擴大，並不是一件容易的事。

事實上，旗下有站著吃牛排的餐廳「IKINARI STEAK」的 Pepper Food Service（3053）也在開到 500 家分店前改變方向，決定減少分店的數量。

連鎖餐廳的分店數量排名

排名	連鎖餐廳名稱	2022年1月	2023年1月	增減率（%）
第1名	Gusto	1328	1317	-0.8
第2名	薩莉亞	1081	1073	-0.7
第3名	Joyfull	626	615	-1.8
第4名	COCO'S	521	512	-1.7
第5名	Bamiyan	348	355	+2.0
第6名	Denny's	326	320	-1.8
第7名	Jolly-Pasta	300	306	+2.0
第8名	樂雅樂	218	218	0
第9名	Washoku SATO	206	209	+1.5
第10名	Jonathan's	210	206	-1.9

出處 ： 日本軟體販賣官網

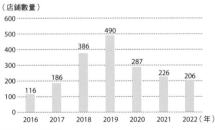

「IKINARI STEAK」的店鋪數量變化

（店鋪數量）

116 186 386 490 287 226 206
2016 2017 2018 2019 2020 2021 2022（年）

各年12月的數據

POINT 投資股票要觀察那家公司有沒有成長空間。

Q 23 公司的成長潛力要怎麼看？

下列哪家公司的股票是**最合適**的投資標的？

❶ 市值100億圓，過去5年穩定維持營收50億圓、淨利5億圓的製造公司。

❷ 市值400億圓、營收30億圓（3年翻10倍）、淨利20億圓的M&A（併購）仲介公司。

❸ 市值2000億圓、營收200億圓（3年翻10倍）、淨利100億圓的M&A仲介公司。

❹ 市值50億圓、營收100億圓（3年略微減少）、淨利10億圓的出版社。

提示 可以買還有成長空間的股票，但是在購買已經大幅成長的公司或市場規模比較小的公司股票時要特別小心。

解說

　　這個問題也印證了在尋找可以買進哪家股票的公司時，重點在於那家公司的「成長空間」。

　　①市值100億圓的規模確實還不大，從這點來看，確實可以考慮要不要投資。不過也要想到業績趨於穩定的公司，可能已經沒有成長空間了。

　　雖然業績穩定表示市場上有確實的需求，但是從股價上漲的空間這點來看，最好不要投資。

　　②從集中投資小型股的角度來看，市值400億圓似乎比本書提倡的300億圓多出一截，不過，這家公司的營收在3年內就成長了10倍！再考量到今後將步入超高齡社會，可能有愈來愈多的企業需要交棒，可以想見併購這個行業本身還有很大的成長空間。

　　20億圓的淨利之於400億圓的市值，表示PER（本益比）高達20倍（如同Q14所說，基本上以15倍的本益比為佳，這個數字愈小愈便宜、愈大愈貴）。

　　不過，因為還不算太高，依然可以在這個階段買下這家成長企業。②的原型是2022年7月的併購研究院控股有限公司（9552，原M&A綜合研究所，2023年3月改名為併購研究院控股有限公司），股價在本書執筆時已經爆增了。

　　③和②的條件相似，但市值高達2000億圓。從股價的成長空間來看，倘若其他的條件都一樣，市值比較小的②可以期待得到更豐碩的獲利。

　　④的市值只有50億圓，光從這點來看確實很吸引人。然而考慮到出版業最近3年來的收益都在減少，這時最好不要貿然投資。

我本身關注與實際投資併購研究院控股有限公司這支股票，並獲得可觀的獲利。回顧當時的同業與其相比，其市值、營收都有非常大的成長空間。

併購業界的同業比較

	市值	營收	本益比	手續費來源
日本併購中心控股公司（2127）	5880億圓	420億圓	14倍	訂金＋成功報酬
M&A資本合夥（6080）	1120億圓	160億圓	7倍	中間報酬＋成功報酬
Strike（6196）	740億圓	110億圓	6.7倍	中間報酬＋成功報酬
併購研究院控股有限公司（9552）	400億圓	30億圓	13倍	只有成功報酬

2022年7月23日統計資料

併購研究院控股有限公司（9552）的股價線圖

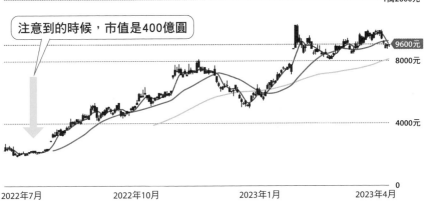

注意到的時候，市值是400億圓

1萬2000元
9600元
8000元
4000元
0

2022年7月　　　2022年10月　　　2023年1月　　　2023年4月

POINT
尋找市值比較小、業績具有成長空間的公司，是投資的基本功。

下列何者是
最適合投資的標的？

該投資哪家公司才好呢？

① 　市值　　100億圓

　　業種　　外食

　　市場規模　25兆8000億圓

可以用便宜的價格享用日本料理的外食連鎖餐廳，以24小時營業吸引人潮，急速展店。

② 　市值　　1000億圓

　　業種　　外食

　　市場規模　25兆8000億圓

無人不知、無人不曉的業界最大連鎖家庭式餐廳，在日本全國各地都有分店，業績也很穩定。

③ 　市值　　50億圓

　　業種　　補習班

　　市場規模　9700億圓

由量少質精的講師陣容提供的線上授課大受好評，受到矚目，學生人數順利增加。

④ 　市值　　500億圓

　　業種　　補習班

　　市場規模　9700億圓

規模為業界數一數二大，是很有名的補習班。在日本全國各地都有教室，有許多學生考上東大或京大等名列前矛的大學。

提示👆 「哪家公司接下來最有成長空間呢？」請從這個角度來思考。

正確答案

❶

解說

　　投資時如果期待要有豐碩的獲利，重點在於這家公司未來「業績的成長空間」。

　　如果是同一個產業，沒必要投資已經成長到一定的規模、成長空間比較小的「市值太大的大企業」。

　　因此，請先將目標鎖定在①或③。

　　比較兩家的市值，①的市值為 100 億圓、③的市值為 50 億圓，所以或許會認為③的成長空間比較大。但是從市場規模來看，①的外食產業約 26 兆圓，③的補教業只有近 1 兆圓，相差約 26 倍。

　　從這點也可以得出以下的結論：考慮到市場規模①似乎有比較大的成長空間。只不過，即使比較後認為①比較有成長空間，也不能捨棄③的可能性。

　　集中投資小型股以市值 300 億圓以下為選股標準，因此③的市值 50 億圓似乎也還有成長空間。

　　接著，帶大家更深入地觀察市值的成長空間。補教業排行第 9 名的「幼兒活動研究會（2152）」市值為 140 億圓左右，假如③能殺到第 9 名的位置，從現在 50 億圓的規模來看，還有成長到 140 億圓的空間。**因此可以概算出市值的成長空間為 3 倍左右。**

　　另一方面，外食產業第 10 名的「藏壽司（2695）」市值高達 1300 億圓以上，假如市值 100 億左右的①能衝進前 10 名，市值就可望從現在的 100 億圓成長到 1300 億圓。**因此可以概算出市值的成長空間為 13 倍以上。**

　　從上述的狀況來看，③或許也是充滿魅力的投資標的。只是這次的市場規模相差得實在太懸殊了，因此①才是正確答案。

補教業的市值排名

排名	公司名稱（股票代號）	市值
1	倍樂生控股公司（9783）	1997億7100萬圓
2	Nagase Brothers（9733）	598億8600萬圓
3	Riso教育（4714）	454億5700萬圓
4	STEP（9795）	300億5600萬圓
5	東京個別指導學院（4745）	293億1700萬圓
6	早稻田Academy（4718）	263億1300萬圓
7	學究社（9769）	236億9200萬圓
8	日本明光義塾（4668）	181億5600萬圓
9	幼兒活動研究會（2152）	139億9900萬圓
10	進學會（9760）	59億2900萬圓

2023年5月2日統計資料

外食產業的市值排名

排名	公司名稱（股票代號）	市值
1	日本麥當勞（2702）	7618億6100萬圓
2	善商控股（7550）	6666億8400萬圓
3	雲雀國際（3197）	4165億5700萬圓
4	FOOD & LIFE COMPANIES（3563）	3783億8600萬圓
5	東利多控股集團（3397）	2543億5500萬圓
6	壹番屋（7630）	1698億4600萬圓
7	吉野家（9861）	1626億9400萬圓
8	ATOM股份有限公司（7412）	1622億300萬圓
9	王將（9936）	1439億900萬圓
10	藏壽司（2695）	1328億9300萬圓

2023年5月2日統計資料

POINT !　**請以市值小於產業龍頭、具有成長空間的公司為投資對象。**

「股價線圖」怎麼看？

請從下列的股價線圖中，選出**所有可以投資**其股票的公司。

❶

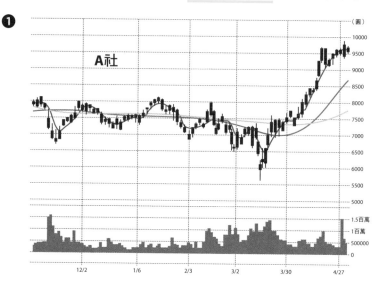

❷

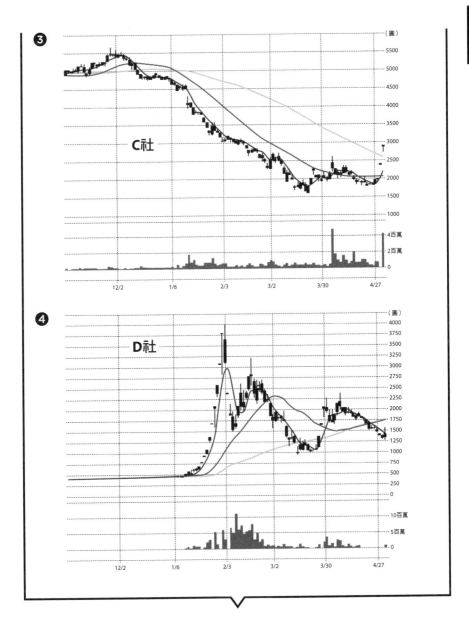

提示👆 根據股價線圖來判斷買賣時間點的基本，是「在開始上漲的時候買進、開始下跌時賣出」。

解說

「在股價剛開始上漲的時候買進、開始下跌時賣出」，是投資股票的基礎原則。① 是原本上上下下呈鋸齒狀拉扯了好一陣子的線圖終於開始上漲，所以是買進的好時機。 ② 是上下盤整的股價一口氣急跌，創下最低價後，再轉成緩步上漲的趨勢。但目前的股價還在長期移動平均線（以較長的區間收盤價平均值連接起來的折線圖）之下，所以還不是買進的好時機。

③ 乍看之下股價一直往下走，似乎不是買進的好時機。但仔細觀察最近股價的波動，可以看出伴隨著大量的成交量（盤中成交的買賣張數柱狀圖），也站上長期移動平均線。可見這段期間的股價波動是為了打底，因此大概可以說是買進的好時機。只不過，也不能排除只是暫時上漲的可能性，因此要特別小心。

④ 則是原本動也不動的股價突然一口氣急速上漲後又崩跌，在一度反彈的價位出現「獲利了結的賣壓」，因此也可以鎖定股價暫時回檔[14] 的時機「搶反彈」。只不過，因為目前的股價已經跌破長期移動平均線，成交量也很低迷，可以說是已經遭投資人棄養的狀態了。

以上都是經常可以看到的狀況，曾經一度飆漲的個股，一旦股價開始下跌，除非有什麼特殊的原因，否則都很難再超越過去的高峰。相反地，伴隨著大量的成交量創新高的個股，則往後也有繼續創新高點的趨勢。

---

14 回檔，是指處於上升趨勢的股票暫時下降的狀況。

POINT 股價跌破長期移動平均線的時候，千萬不要買進。

Q 26 如何不被崩盤拖累？

請選出一個
<u>不能買股票</u>的時間點。

❶ 在電視上看到手遊上市的廣告時，買進遊戲公司的股票。

❷ 在街上看到前所未有的、新型態私人健身空間的海報時，買進健身房的公司股票。

❸ 在傳統型手機還是主流的時代，蘋果電腦推出iPhone時買進 Apple（AAPL）的股票。

❹ 當過去都沒有在投資的人突然一窩蜂地開始投資，行情大帳上漲的時候。

將「創新擴散理論」（參照 Q21）套用於 iPhone 普及的例子

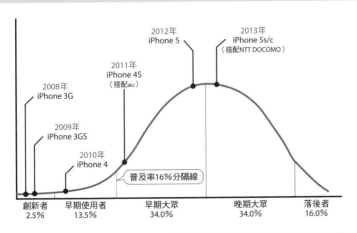

提示👆賣股票的時機跟買股票的時機一樣重要。基本上一旦覺得「再也不會有人買這支股票了」，就要果斷地賣出。

正確答案

④

解說

　　這個問題是為了訓練自己從宏觀的角度判斷投資時機的能力。

　　① ～ ③ 的選項都是該公司在未來還有成長空間的時間點，而 ④ 已是某種泡沫的狀態，**暗示股價接下來可能會大幅下挫**。

　　以下是發生在股價崩跌的 1929 年 10 月 24 日「黑色星期四」3 個月前的事。美國總統約翰・F・甘迺迪（John F. Kennedy）的父親，同時也是天才操盤手約瑟夫・P・甘迺迪（Joseph P. Kennedy）與華爾街的擦鞋童有過一段非常經典的對話。老甘迺迪半開玩笑地問擦鞋童：「最近股市如何？」擦鞋童得意洋洋地告訴老甘迺迪：「漲得很誇張喔，你可以買一點石油或鐵路的股票，因為這一波不曉得要漲到哪裡去。」

　　就連對投資一無所知的擦鞋童，都知道可以投資石油與鐵路的股票，代表這兩類的股價已達到最高點有即將下跌的可能。充滿危險意識的老甘迺迪立刻出清手中所有的持股，才能躲過後來股價在「黑色星期四」崩盤的悲劇。如果想要掌握這種買賣時機的全貌，可以參考大約 60 年前的社會學者埃弗雷特・羅吉斯（Everett M. Rogers）所提倡的「創新擴散理論」（參照 Q21）。

　　創新的商品與服務，都是由熱愛新玩意兒的創新者率先嘗試，等**「普及率超過 16%」的時候，再一口氣廣為流傳**。

　　從傳統的折疊式手機換到智慧型手機固然是由 iPhone 帶起來的熱潮，但是一般都認為當時也是先超越普及率 16% 左右的階段，然後才進入幾乎人手一隻 iPhone 手機的地步。

POINT **如果連平常沒有在投資的人突然一窩蜂地開始投資，就要小心了。**

Q 27 什麼時候不能買股票？

請選出所有
不能買股票的時間點。

❶ 鄉下的上市公司明明業績很好，卻得不到投資人的青睞，股價幾乎3年沒有動靜的時候。

❷ 因為COVID-19疫情而暴跌的股市逐漸恢復平靜的時候。

❸ Netflix（NFLX）的股票因為遲遲看不到盡頭的COVID-19疫情，股價創下歷史新高點的時候。

❹ 基於對新款遊戲的期待，最近1個月來股價幾乎翻了5倍的遊戲公司，在新款遊戲上市前一天的股票。

提示👆 不受投資人青睞、成交量長期低迷的股票，或許股價繼續下跌的風險較低，但就算長期持有，也無法期待股價上漲。

解說

除了 ② 以外，全都是不能買股票的時機。 ①那種即使股價和成交量都很萎靡，不受投資人的青睞，但營業收入及獲利都很穩定的公司，很容易讓人陷入只有自己慧眼識英雄的迷思。然而，**無論業績再好，只要不受投資人青睞，沒有實際的買盤，股價就不會上漲，有時這種情況可能會持續好幾年。**與其把有限的資金都耗在這種股票上，拿去投資更有潛力的股票才不會損失機會成本[15]。

我認為像 ②那種股市已經恢復平靜的時機，才是可以買進股票的時機。只不過，這時也要仔細觀察投資人的動向，慎選投資的標的。

③的狀況乍看之下讓人覺得不買這家公司的股票好像錯過了天大的機會，如果是在 Netflix 的股票因為 COVID-19 疫情剛開始上漲的時候買進就算了，等到 Netflix 的股票已經被炒高、才慌慌張張地進入市場購買的話，很容易買在行情的最高點，也就是「**套在山頂上**」。更糟糕的情況是買在最高點、賣在最低點，可能會落得變成承受巨大損失的「**韭菜**」[16]。

④嚴格來說必須也把市值考慮進去才能判斷，但是產品都還沒有上市，光靠期待感就已經讓股價翻 5 倍的股票，而且還是在上市前一天買進的風險實在太大了。

在沒有實際利多的狀態下，光靠期待感就讓股價翻 5 倍的股票，萬一投資人的期待落空，股價可能也會跌到只剩 1/5。

---

15 Opportunity Costs，指的是在做選擇時，選擇放棄的選項所損失的最高代價。
16 此詞用來形容散戶隨著股票上漲不斷買進，遭到投資大戶趁勢賣出而被套在高點，即被大戶收割韭菜之意。

POINT **就算業績再好，如果不受投資人的青睞，股價永遠都不會上漲。**

Q 28 如何判斷股票的「賣出時機」？

請選出所有
可以賣出股票
的時間點。

❶ 持股的市值超過1000億圓，業績的成長率也稍微穩定下來時。

❷ 持股公布亮眼的財報後，股價隨即漲停板時。

❸ 買進推出新營業型態的連鎖餐飲業股票，在那之後業績卻沒有顯著的成長時。

❹ 股價幾乎半年左右都沒有變化的持股成交量開始增加、股價也開始上漲時。

提示 👆 判斷「未來應該不會漲得比過去還多了」，就是可以賣出股票的時間點。

正確答案

① ③

解說

　　可以賣出的時間點，也代表不能買進的時間點。在 Q4 也提到過，基本上，集中投資小型股時，如果市值像①那樣超過 1000 億圓，大概就要思考賣出的時機了。這是因為即使一路快速成長到市值 1000 億圓，再上去的成長動能也很容易變慢。

　　如果是像 ② 那樣，漲停板是因為持股的財報亮眼，就不必急著賣掉。

　　股價之所以漲停板，表示有許多投資人注意到這支股票，有很多買盤。那麼就非常有機會繼續上漲，不妨等股價過熱的情況降溫到一定程度後再賣掉。

　　觀察股價線圖，如果是剛開始上漲的時間點，之後可能還會續漲一波，所以在上升趨勢時請不要賣掉，先抱著再慢慢尋找賣出的時機就好了。

　　③是預測錯誤，沒能實現買進時的成長藍圖，如果認為已經沒有買進的理由（繼續持有的理由）了，最好就賣掉吧。

　　這次是設想新的商業模式能為公司賺很多錢，因此才買進股票，一旦這個理由消失了，也就沒有理由再抱著這支股票了。

　　④則是過去股價都沒有變化的股票開始帶量緩步上攻，這時請不要急著停利，建議繼續持有。只要一直保持上升趨勢，甚至還可以考慮是不是要加碼。

POINT 可以賣出的時間點＝不能買進的時間點。

什麼樣的股價線型最好先不要賣出？

請從下列的股價線圖中，選出一家**不應該賣出**的公司。

❶

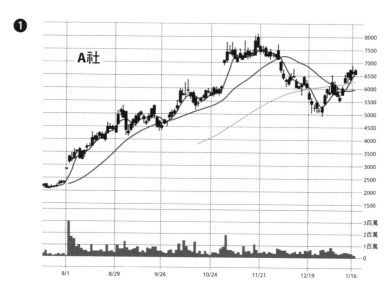

❷

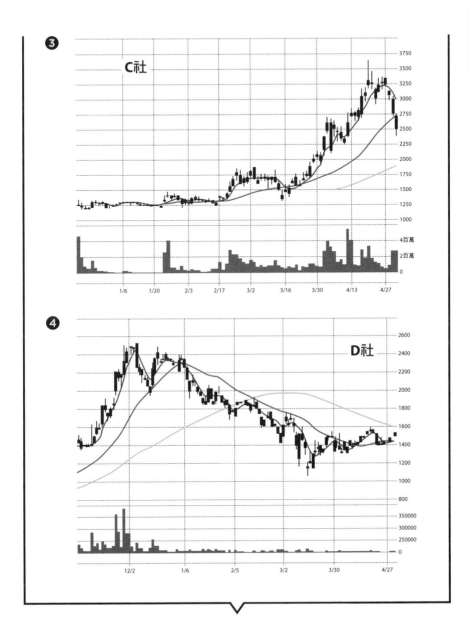

❸ C社

❹ D社

解說

①的股價線圖最近創新高後曾經一度下跌，後來又稍微反彈了一段，但始終無法再創新高的狀態。

未來股價還是有可能繼續上漲，創下最近的新高點，但這裡還是先賣掉比較好。

②的股價線形則最好不要賣掉。倘若股價帶量上漲的原因是因為背後有實際的業績在支撐，這時反而是絕佳的買點。

如果還有閒置資金，甚至可以再加碼。

一直上下盤整的股價，一旦伴隨著大量成交量就會往上漲，請一定要好好地把握住這個機會。

③是已經過了上升趨勢、股價開始緩步走跌的線圖。如果認為還有成長空間，也可以稍微再持有一段時間，但是開始走跌的角度有點急，是賣掉比較好的時間點。

④則是曾經一度上漲的股價持續下跌趨勢好長一段時間的線形，**請務必在變成這樣以前趕快賣掉比較好。**另外，除非有非常理想的利多消息，最好不要買進處於下降趨勢的股票。

POINT **當原本低迷的股價開始帶量上漲，即為絕佳的買進時機。**

Q 30

股價跌破買入價格時該怎麼辦？

請選出一個
<u>不正確</u>的停損判斷。

❶ 業績不壞，但成交量減少且股價下跌，看起來可能爬不回去，所以要停損。

❷ 買進後馬上跌了**10%**，但投資的目標是算準股價會漲到5倍，所以繼續持有。

❸ 財報公布的業績比預期還差，因此停損。

❹ 1年前買的股價明明有帳面虧損，卻寧願花時間跟他拼了，決定繼續持有。

> 提示👆 買進那支股票的理由一旦消失了，就要賣掉。

正確答案

4

解說

　　像 ① 那種就算業績不壞，成交量減少，股價下跌，而且感覺好像爬不回去，建議就要停損比較好。

眼前的股價取決於買賣股票之間的價量平衡，與業績好壞無關，因此只要股價開始下跌，就很容易被投資人視為燙手山芋，不容易再出現新的買盤。

　　如果是投資 ② 那種期待股價長期能成長 5 倍左右的股票，即使投入資金後就馬上跌了 10% 左右，只要認為還在「誤差的範圍」內，就可以繼續持有。

　　像 ③ 那種公布財報後，發現業績沒有想像中理想，**倘若判斷設想好的狀況不如預期，就必須停損**。假如投資的理由是期待公司會有好業績，一旦業績沒想像中好，就等於是買進的理由（持有的根據）消失了。

　　④ 即是所謂的「套牢」，也就是指股價跌破買進價位，在不久的將來似乎也沒有起色，現在賣掉一定賠，所以不得不繼續持有的狀態。

　　日本股市有句諺語，「放棄千兩，可以減少萬兩的損失」，這是指當虧損還小時退場，僅有千兩的損失，因此避免虧損持續擴大，則具有萬兩的價值。

　　請事先想好可以接受的損失，最多也不要超過 10 ～ 20% 左右。就算投資的個股有一半都在 10 ～ 20% 左右的時候停損，只要剩下的一半賺好幾倍，最終還是小賠大賺，請嚴守這個紀律。

POINT 　**買進時設定的狀況不如預期，就要先賣出一趟。**

Q 31 不知道要不要停損時該怎麼做？

請選出一個股價下跌，不知道該不該停損時的 **錯誤判斷**。

❶ 如果賣掉股票以後，還想再買進同一支股票，就應該續抱。

❷ 如果賣掉股票以後，想改買另一支股票，就應該停損。

❸ 現在賣掉就賠定了，所以要長期持有，等股價漲回來。

❹ 一旦找到更有魅力的投資標的，就應該停損換股。

提示 👆 請從「以後還想投資那支股票嗎？」的角度，而非「要不要停損？」的角度來思考。

正確答案

❸

解說

對於看到這裡的各位讀者而言，這個問題或許過於簡單。當股價低於買進的價格，不確定到底是要抱著帳面虧損還是果斷停損時，可以問自己下面的問題。

賣掉這張股票以後，還想再買進同一支股票嗎？

如果很快又想要買，現在就不是停損的時機。如果不想再買，那就算認賠也應該馬上賣掉。

大部分的投資人都會下意識採取 ③ 的行動。根據 2002 年獲得諾貝爾經濟學獎的丹尼爾‧康納曼（Daniel Kahneman）的展望理論（Prospect Theory）指出，「**人因為投資而承受虧損時，精神上將承受相當大的痛苦**」。他認為虧損的痛苦比起透過投資賺錢的喜悅大 3 倍，這可能也是大部分的投資人都會下意識地選擇③最根本的理由。

現在賣掉就賠定了，雖然令人痛苦難耐，但是處於下降趨勢的股票，基本上還是會繼續探底。

先賣掉這種很可能繼續向下探底的股票，再利用賣掉換來的錢改買股價開始上漲的個股，應能提升全體的投資績效。

集中投資小型股必須隨時蒐集迷人的投資標的，毫不猶豫地砍掉當初看走眼的股票，將寶貴的資產移到更有潛力的股票。

POINT **克服停損的痛苦，把資金移到更有潛力的股票。**

Q 32 投資股票時，該怎麼善用每天看到的新聞？

看到下方的新聞標題時，請問何者是不正確的想法？

為支持新創製藥產業，經產省將視野擴大到癌症、失智症
醫療保健 ｜ 19:41
經濟產業省為加強對新創製藥產業的支援，將創業投資（VC）的投資金額擴大補助達2倍……內文

為支持汽車零組件公司的產業轉型，經產省將派遣電動車（EV）
自動車‧機械 ｜ 19:38
經濟產業省為因應汽車電動化，將加強對零組件廠商的支援。熟悉電動車（EV）等開發及生產的大廠……內文

貿易赤字最大來到19.9兆圓，2022年將受到日幣貶值及能源昂貴的衝擊
Think! ｜ 11:15更新
根據財務省19日發表的2022年貿易統計速報，輸出減去輸入的貿易收支為19兆9713億圓的虧損。……內文

觀光客超過100萬人，2022年12月比COVID-19前回升54%
零售、外食服務、食品Think! ｜ 6:21更新
COVID-19疫情的邊境檢疫措施在2022年10月正式趨於緩和，訪日外國人（Inbound）已有顯著回升。2021年1月……內文

出處：日經電子版　　Photo：Adobe Stock

❶政府似乎開始補助新創製藥產業了。如果現在馬上投資新創製藥產業，是不是就能賺錢？

❷針對車廠電動化，政府似乎開始補助零件廠商了。雖然還無法期待零件廠商產業急速成長，還是先研究一下有沒有什麼技術獨步全球的公司吧！

❸日圓貶值雖然導致貿易赤字擴大，但似乎沒有與投資小型股有關的資訊，先跳過這則新聞。

❹觀光客已經比COVID-19疫情前恢復許多，可見日本的觀光及旅館業應該也能恢復昔日榮景……來研究看看哪家上市公司提供的服務比較受外國人的喜愛。

提示👆 只要從每天的經濟新聞擷取與投資有關的資訊即可。

正確答案

①

解說

　　將每天的新聞應用在投資上固然重要，但是以網路為主的資訊量實在太大了，「捨棄什麼？」比「選擇什麼？」要來得重要多了。

　　因為不可能全部選擇，一定要保持「不接觸不需要的資訊」的心態。

　　為了得到與投資有關的資訊，只蒐集「自己能理解的領域」的資訊是最大的前提。不妨在這個前提下，提醒自己只選擇與投資有關的資訊。

　　這次的問題是為了讓各位光靠手機新聞的標題，就能簡單明快地做出判斷。

　　①是政府開始補助新創製藥產業的新聞，對整個產業而言可以說是樂見其成的結果。

　　只不過，觀察新創製藥產業的實際狀況，幾乎所有的公司都虧損連連，即使上市後也無法打消赤字，多半是光靠期待感來推升股價的「金錢遊戲」。

　　所以，就算得到政府的補助，新創製藥產業真的能為世人提供附加價值嗎？關於這點必須慎重地判斷才行。

　　話說回來，新創製藥產業確實處於艱困的狀況，因此如果光靠政府提供輔助的理由就盲目投資的話，我認為有些有勇無謀。

　　②是政府決定補助電動車零組件廠商的新聞。這也跟①一樣，政府有輔助的事實只是加分的材料，光靠這樣無法讓零件製造業者的業績好轉，必須把得到政府的補助與業績成長視為不同的問題來思考。

基本上，業績如果沒有實際成長，股價就不會上漲。因此重點在於那家零件製造業者擁有什麼樣的技術、能給市場帶來什麼樣的附加價值、業績能有多大的成長空間。

③是日圓貶值導致貿易赤字擴大的新聞，只要深入研究，或許能找到與投資有關的資訊。

只不過，與進出口有關的公司多半跟汽車廠商一樣，都是市值很大的公司。除非是從事貿易相關的工作，或是對這個行業非常熟悉的人，否則不需要深入研究這則新聞，也不必考慮投資。

如④所示，自從日本政府放寬對外國人的入境限制後，訪日外國人（Inbound）逐漸增加。就連受COVID-19疫情重創的觀光產業，在我撰寫這本書的時候也已經恢復熱鬧滾滾的光景了。

「飲食、住宿、交通」，以上是觀光時不可或缺的三大重點。觀光產業復活後，可以想見這些產業也會逐漸復甦，受到這則新聞的啟發來尋找投資標的非常有用。

這次的正確答案是①，但是嚴格來說，每個人對於篩選新聞的方法有所不同，並沒有對錯之分，更重要的是，積極地深入研究自己比較熟悉的領域或業界的新聞。

人類的世界有太多新聞了，好辛苦呀！

POINT 把從每天的新聞得到的資訊運用在投資上。

什麼是漲、跌停？

我猜各位都在新聞上聽過「漲停、跌停」這兩個字詞，這是為了控制股價上漲與下跌在一定程度內而實施的規定。相較於前一天的收盤價，有沒有超過限制的漲跌幅將成為漲、跌停的判斷標準。股價是會暴漲、急跌的東西，為了不讓太過於劇烈的股價波動讓投資人陷入混亂或承受損失，日本的證券交易所會從前一天的收盤價訂定「漲跌幅限制」，好讓價格波動落於一定限度內（美國的股票市場並沒有漲跌幅限制）[17]。

漲跌幅限制依股價而異，當股價飆漲至漲幅的上限稱為「漲停」，相反地，跌至跌幅的下限則稱為「跌停」，當天超過「漲停、跌停」的股價將無法交易。

標準價格（股價）	漲跌幅限制
不到100圓	30 圓
100 圓以上～不到 200 圓	50 圓
200 圓以上～不到 500 圓	80 圓
500 圓以上～不到 700 圓	100 圓
700 圓以上～不到 1,000 圓	150 圓
1,000 圓以上～不到 1,500 圓	300 圓
1,500 圓以上～不到 2,000 圓	400 圓
2,000 圓以上～不到 3,000 圓	500 圓
3,000 圓以上～不到 5,000 圓	700 圓
5,000 圓以上～不到 7,000 圓	1,000 圓

※7000圓以上恕省略

---

17 台灣金融監督管理委員會宣布自 2015 年 6 月起將漲跌幅度由 7%放寬為 10%，以加速股價反應，增加市場效率性。

買賣的思考邏輯

接下來是實際買賣股票時的思考邏輯，讓我們一起來想想看以下的問題和選項！

Q 33 要怎麼分析公司的基本資料？

判讀下列的基本資料時，請選出一個比較不恰當的思考邏輯。

M&A 綜合研究所（現在的併購研究院控股有限公司）【9552】

2022年12月16日更新

公司名稱	M&A綜合研究所
結算	9月
成立時間	2018.10
掛牌日期	2022.6
特色	主要業務是併購仲介，有自行研發的配對系統。向賣方企業酌收訂金或免訂金，完全成功才收取報酬。
主要經營業務	併購仲介占100（65）、其他0（49）〈22‧9〉
產業編號	9050
產業名稱	服務業
上升指標	由於企業傳承的需求愈來愈高，併購仲介業務表現良好。合約件數超過公司的預期，也承攬了許多財報表現十分亮眼的大型案件。本期結算前有機會提前達成諮詢顧問130人的計畫（上期結算為74人）。雖然費用增加，營業收益也跟著上升。
案件豐富	由於股票上市的效果，前期末的累積合約件數達382（截至2021年9月底139件）。新增的案件也很多。目前尚無股利分配的計畫，但股價已經很高，考慮股票分割。
公司地址	100-0005 東京都千代田區丸之內1－8－1丸の トラストタワーN館
電話號碼	TEL03－6455－5874
	【辦公室】名古屋、大阪
員工人數	〈22‧9〉110人（29.7歲）[平均年薪] 786萬圓
產業類別	其他產業服務、產品 市值順位：26／272家公司
券商	[上] 東京（G）[幹]（主）野村（副）SBI、大和、瑞穗、日興、三菱UFJ摩根士丹利、樂天、松井、Monex、岩井日星證券、東海東京、東洋 [名] 三菱UFJ信託銀行 [監] PwC京都
銀行	三井住友、瑞穗、商中、GMO藍天、三菱UFJ信託銀行
公司網站	https://masouken.com
已發行普通股數	10／31 19,188千股，市值1,427億圓
供應商	
大客戶	
股息發放率	0.0%（3期平均0.0%）【增減配次數】增0 減0 平0 無2
季營收成長率	3季平均－% 本季－%（－pt）
同業比較	日本併購中心控股公司（2127）、M&A資本合夥（6080）、Strike（6196）

❶ 顧問人數從74人增加到130人的計畫，是事業版圖順利擴大的證明。

❷ 營業收入100％都來自併購仲介的話，風險似乎有點高，所以不要投資比較好。

❸ 平均年齡29.7歲還很年輕，所以最好要考慮到經驗不足引起糾紛的風險。

❹ 市值超過1400億圓的公司規模已經很大了，可能會壓縮到成長空間。

提示 請好好思考：投資人該從哪個角度來解讀公司的基本資料。

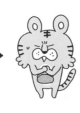

解說

　　跟集中投資小型股一樣，「選擇」與「集中」也是公司經營很重要的管理要素。以下為大家逐一解說這個問題的每個選項。

　　①不妨把員工的增加，簡單地想成是順利地擴大事業版圖。

　　②只要是大企業，應該將營業收入分散於各式各樣的事業，以圖穩定地經營。然而，像這種創業才 5 年左右，上市也才不久的小規模公司，**與其把資源分散在好幾種不同的事業，把所有的資源集中投入於單一的拿手事業，事業體更容易成長。**

　　集中投資小型股，本來就是要投資接下來會大幅度成長的公司，因此 100％的營業收入都來自於併購仲介，反而是很好的投資對象。

　　③雖說不要忽略員工可能因經驗不足而有引起糾紛的風險，但是急速成長的公司都有員工平均年齡層較低的傾向。平均年齡才 20 多歲的年輕公司，通常都能迅速地做出經營判斷，乘勝追擊。

　　④**集中投資小型股，基本上不會將這種市值超過 1000 億圓的公司視為投資對象。**這是因為再怎麼努力，成長速度還是會趨緩。倘若這家公司的市值只有 300 億圓左右，肯定是非常有潛力的投資標的。但是現階段的市值已經太大了，會壓縮到投資的可期待報酬，相較於風險，也可能不是那麼有賺頭的投資。

POINT **即使是好公司，如果市值超過 1000 億圓也不是好的投資標的。**

Q 34 要如何從「業績」與「大股東」中尋找成長股？

判讀下列的基本資料時，請選出一個比較**不恰當**的思考邏輯。

M&A 綜合研究所（現在的併購研究院控股有限公司，股號 9552）

單位：百萬圓　　　　　　　　　　　　　　　　　　　　2022年12月16日更新

【業績】	營業收入	營業利益	經常利益	稅後淨利	每股盈餘（圓）	每股配息（圓）	【股利政策】	股利（圓）
單20.9*	376	3	3	4	0.2	0	20.9	0
單21.9*	1,328	563	557	368	19.9	0	21.9	0
單22.9*	3,911	2,103	2,082	1,326	71.3	0	22.9	0
單23.9預	7,200	3,800	3,800	2,600	135.5	0	23.9預	0
單24.9預	9,800	5,100	5,100	3,500	182.4	0	預估殖利率	-%
單21.10〜3	1,752	1,066	1,059	727	39.4	0	投資報酬率	
單22.10〜3預	3,500	1,800	1,800	1,200	62.5	0	BPS（圓）	〈單22.9〉
會23.9預	6,700	3,150	3,147	2,108	-	(22.10.28)	152.9	(19.8)

【股東】[單] 5人〈22.3〉萬股	
股東名稱	持股數、持股比例（％）
佐上峻作	1,532(82.9)
SMBC信託銀行特定金外信託	198(10.7)
Reo Asset M. 1號投資事業有限責任組合	105(5.6)
梅田裕真	9(0.5)
松本恭福	2(0.1)
〈外資〉0.0%	〈流通在外比例〉0.0%
〈投信〉0.0%	〈董監事及大股東持股比例〉100%

❶ 2020〜22年的2年間，營業收入每年持續急速成長3倍左右，是非常有潛力的企業。

❷ 最近的營業利益占營業收入的一半以上，可見其所推出的事業具有非常高的附加價值。

❸ 來研究看看，手中持股占了所有流通在外股數82.9％的大股東「佐上峻作」是什麼人。

❹ 2023、2024年的預估營業額成長率衰退，肯定是因為業務發展得不夠順利吧！

提示 想想看，可以從業績的變化與大股東的名冊中得到什麼樣的訊息。

| 正確答案 | 解說 |

4

　　我們可以從業績的變化與大股東的名冊中得到大量的訊息。

　　①最近2年的營業收入是每年幾乎成長3倍，足以證明事業版圖正以勢如破竹的速度急劇擴大。只不過，這麼快速的成長不可能永遠持續下去，成長速度遲早會鈍化。

　　②營業收入有一半以上都能變成營業利益保留下來，可見是推出了利益率相當高的業務（至少這種產業在上市公司裡並不多）。

　　若不能提供高附加價值，就無法實現這種利益率，光是這樣就可以說是極為特別的公司了。

　　③**請一定要詳閱大股東名冊**。用「公司名稱」、「大股東」在網路上搜尋，應該馬上就能找到。如果是剛上市的小型股，最大的股東（擁有最多該公司股票的人）通常是創辦人，也就是現任總經理。總經理是最大股東的公司，比較能期待在經營上對投資人負起責任來。用「公司名稱」、「股東名稱」上網搜尋，仔細看總經理**的經營願景，就能判斷那家公司是否具有投資的價值**。

　　④請不要立刻把預估營業額的成長率衰退與業務發展得不順利畫上等號。當營業額以等比級數的方式增加時，之後成長率就算稍微衰退也是沒辦法的事。

　　另外，預測隔年以後的業績數字頂多只是「現階段的預估值」，未來可能會上升也可能會下降。

　　再者，業績預測依公司的作風而異，有些公司預估得十分樂觀，也有些公司會預估得比較保守。不妨告訴自己，這並不是確定的數字。

損益表上的「5 大利益」

營業收入

營業成本（原料費用）
營業毛利（毛利）

管銷費用
營業利益

利息支出等等
經常利益

業外支出
業外收入
稅前淨利

所得稅等等
稅後淨利（最終盈餘）

可以推論，能有較高營業利益的公司，通常也能提供附加價值較高的產品或服務

這家公司很會賺錢呢！

POINT 根據公司的作風，業績預測有時會過於樂觀或悲觀。

要怎麼看大股東？

判讀下列的基本資料時，請選出一個比較**不恰當**的思考邏輯。

CellSource【4880】

2022年12月16日更新

公司名稱	CellSource
結算	10月
成立時間	2015.11
掛牌日期	2019.10
特色	受託加工衍生自脂肪、血液的細胞等再生醫療、也推出化妝品的開發、販賣等消費產品
主要經營業務	受託加工服務63、顧問諮詢服務11、販賣醫療器材22、化妝品銷售及其他5〈21‧10〉
產業編號	3250
產業名稱	醫藥品
表現	23年10月受惠於合作機構增加，針對膝關節治療的細胞加工等受託案件爆增，同時，治療不孕症的血液來源加工也具有極高的水準。化妝品銷售的業績大躍進，醫療器材的營收也很亮眼。即使人事費用、服務成本大增，營業利益仍持續成長。
化妝品	推出與網紅合作的保養品第二彈，標榜以人類脂肪幹細胞衍生的外泌體為配方。與女子職業足球隊INAC神戶簽訂醫療合作夥伴契約。
公司地址	150-0002東京都澀谷區澀谷1-19-5
電話號碼	TEL03-6455-5308
	【再生醫療中心】東京都澀谷區澀谷1-17-2 TOKYU REIT澀谷宮下公園大樓
員工人數	〈22‧7〉107人（36.2歲）[平均年薪] 593萬圓
產業類別	保健產品、服務 市值順位 ： 28／133家公司
券商	[上] 東京（G）[幹]（主）瑞穗（副）野村、日興、三菱UFJ摩根士丹利、SBI [名] 瑞穗信 [監] EY新日本
銀行	瑞穗、三菱UFJ信託銀行
公司網站	https://www.cellsource.co.jp/
已發行普通股數	10／31 18,685千股，市值934億圓
供應商	Medikan
大客戶	活壽會
股息發放率	0.0%（3期平均0.0%）【增減配次數】增0 減0 平0 無4
季營收成長率	3季平均66.2% 本季70.2%（＋4.0 pt）
同業比較	7776 CellSeed、7774 J-TEC、4978 REPROCELL

CellSource【4880】

單位：百萬圓

2022年12月16日更新

【業績】	營業收入	營業利益	經常利益	稅後淨利	每股盈餘（圓）	每股配息（圓）
單19.10*	1,611	326	303	199	15.3	0
單20.10*	1,855	415	412	274	15.2	0
單21.10*	2,922	992	1,006	651	35.2	0
單22.10預	4,050	1,340	1,340	830	44.4	0
單23.10預	4,560	1,690	1,690	1,100	58.9	0
單21.11~4	1,697	490	495	308	16.5	0
單22.11~4預	1,950	580	580	390	20.9	0
單20.11~7*	2,104	678	691	428	23.1	
單22.11~7*	2,872	938	946	589	31.6	
會22.10預	4,050	1,336	1,344	833	-	(22.8.31)

【股利政策】	股利（圓）
17.10	0
18.10	0
19.10	0
20.10	0
21.10	0
22.10預	0
23.10預	0
預估殖利率	-%
BPS（圓）〈單22.7〉	
177.2	(145.1)

【股東】[單] 7,495人〈22.4〉萬股	
股東名稱	持股數、持股比例（％）
山川雅之	860(46.1)
裙本理人	237(12.7)
シリアルインキュベート（股份有限公司）	190(10.1)
Custody Bank of Japan信託銀行	47(2.5)
The Master Trust Bank of Japan信託帳戶	38(2.0)
野村信託銀行信託帳戶	16(0.8)
Custody Bank of Japan證券投資信託帳戶	16(0.8)
北美信託銀行（AVFC）IEDU・UCITS・NL15PCT	10(0.5)
BNY GCM CLIENT ACCOUNT JPRD・AC・ISG	7(0.4)
北美信託銀行（AVFC）NTガンジーAIF	7(0.4)
〈外資〉3.4%	〈流通在外比例〉14.6%
〈投信〉5.1%	〈董監事及大股東持股比例〉77.0%

❶ 對「再生醫療」這個字詞不是很熟悉，仔細地研究一下吧！

❷ 股東名單上有好多法人（金融、投資機構）的名字，感覺這些人會在不久的將來賣出持股，導致股價下跌。

❸ 不只最大股東「山川雅之」，也來研究一下第二大股東「裙本理人」是什麼人。

❹ 由於是2015年才創業的新公司，仔細地調查一下這家公司上市前的經歷。

提示 以從事再生醫療事業的公司為例，不妨從公司的基本資料來思考應該注意的重點。

　　像①那樣看到內容，如果有什麼不清楚的單字，請一定要澈底地查清楚。不清楚事業內容就亂投資，是絕對不可以犯的錯。

　　至於②的「法人」則是指壽險公司、產險公司、銀行、勞保基金、政府相關的金融機構、創投基金等，是將散戶投資人根本無法望其項背的龐大資金運用於股票或債券上的大戶投資人。

　　因此聽到法人，難免會產生「好像會大量進出」、「散戶投資人根本不是他們的對手」的印象。

　　然而，如果因為股東名單上有好多法人的名字，就覺得「這些人會在不久的將來拋售持股，導致股價下跌」，實在是太斷章取義了。

　　有些法人是以短期內能獲得高額波段報酬為目標的投資公司（投資基金），也有些法人是像日本政府退休基金（GPIF）那樣運用國民年金，以中長期持有為目標的法人，不妨審慎思考大股東的法人持有股票的目的或想法是什麼。

　　實際調查過③之後，發現最大股東「山川雅之」是該公司的董事，而第二大股東「裙本理人」則是總經理。

　　問題是，為什麼董事持有的股數是總經理的 3.6 倍以上呢？這裡暫不闡述，不過這個問題應該也跟④的公司沿革有關，所以不妨好好地調查一下。

 POINT　請務必審視大股東的組成。

Q 36 要怎麼解讀「盤」的訊息？

判讀下列的基本資料時，請選出一個比較**不恰當**的思考邏輯。

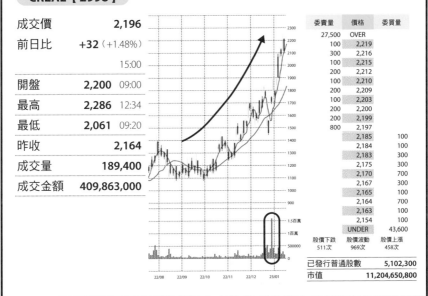

CREAL【2998】

成交價	2,196
前日比	+32（+1.48%）
	15:00
開盤	2,200　09:00
最高	2,286　12:34
最低	2,061　09:20
昨收	2,164
成交量	189,400
成交金額	409,863,000

委賣量	價格	委買量
27,500	OVER	
100	2,219	
300	2,216	
100	2,215	
200	2,212	
100	2,210	
200	2,209	
100	2,203	
200	2,200	
200	2,199	
800	2,197	
	2,185	100
	2,184	100
	2,183	300
	2,175	300
	2,170	700
	2,167	300
	2,165	100
	2,164	700
	2,163	100
	2,154	100
	UNDER	43,600

股價下跌	股價波動	股價上漲
511次	969次	458次

已發行普通股數	5,102,300
市值	11,204,650,800

❶市值112億的話，還有很大的成長空間，似乎可以視為投資標的。

❷股價線圖一路往上漲，也不斷刷新年初以來的最高價，所以可以判斷為上升趨勢。

❸2022年12月底的成交量突然暴增，一定要確認發生了什麼事。

❹光看內外盤所透露的訊息，就算投資個1000萬圓左右，價格波動的風險應該也還很低。

> **提示** 👆 建議思考的切入點，可從股價線圖、市值、走勢圖汲取哪些訊息以及該怎麼判斷才好。

正確答案

4

解說

如果是 ① 市值才 112 億圓的小型股，只要市場規模沒有太小，也不是在小眾市場經營業務的話，通常可以視為還有很大的成長空間。

CREAL（2998）是以「不動產業」，尤其是以「不動產投資」的群眾募資為主要事業的公司。不動產投資的市場規模（收益不動產的資產規模）約 275 兆 5000 億圓（根據 2022 年 NLI Research Institute 與價值綜合研究所的共同調查），因此還有很大的成長空間。

觀 ② 的股價線圖，雖然中間有一段時間跌跌不休，但股價馬上就漲回來了，說是整體處於上升趨勢也不為過。

唯有在股價一旦下挫就無法回到原來的價位，需要很長的期間才能恢復，才算是跌破上升趨勢。

觀察 ③ 的成交量柱狀圖，可以發現有一天（2022 年 12 月 28 日）的成交量特別大。在判斷要不要投資的時候，一定要檢查這天（或前一天）發生了什麼事。同樣地，倘若股價帶量飆漲（或者是暴跌），也一定要確認造成股價急劇變動的主要原因。

只要上該公司的官網看 IR[18] 訊息或「**Yahoo** 奇摩股市」等股票投資的資訊網站、或是東京證券交易所提供的即時揭露系統「**TDnet**」，用「公司名稱、日期」來搜尋，可以找到相關的新聞。

順帶一提，這時因為 2023 年 3 月預估月營收的向上修正受到矚目，股價因交易量增加而上漲，刷新了 2022 年 4 月 28 日上市第一天寫下的最高價。

---

18 Investor Relations，投資人關係，指的是公司與投資人的溝通窗口。投資人透過「股東行動主義」（shareholder activism）積極監督、參與公司決策並促進公司治理。

我猜或許有人不是很會看 ④ 所謂的「內外盤」，以下就為各位稍作說明。

「委賣」與「委買」的限價（＝希望成交的價格→委買為上限價格、委賣為下限價格）稱之為「委託價」，列出上述委託價買賣的委託狀況即稱為「內外盤」。

光看內外盤，不難發現委買和委賣張數都很少，處於交易並不活絡的狀態。這時一股約 2196 圓，因此每張股票（買賣單位＝ 100 股）至少需要大約 22 萬圓的投資金額。

觀察內盤顯示的「委買量（以限價買進的委託量）」，由上而下依序是 100 股、100 股、300 股、300 股、700 股。

將其換算成金額，由上而下依序是約 22 萬圓、約 22 萬圓、約 66 萬圓、約 66 萬圓、約 154 萬圓。

也就是說，光看這個盤勢，假如要投資 1000 萬圓，價格變動的風險非常高，可以想見自己的買賣很可能會讓股價產生非常劇烈的變動。

委賣量	價格	委買量
27,500	OVER	
100	2,219	
300	2,216	
100	2,215	
200	2,212	
100	2,210	
200	2,209	
100	2,203	
200	2,200	
200	2,199	
800	2,197	
	2,185	100
	2,184	100
	2,183	300
	2,175	300
	2,170	700
	2,167	300
	2,165	100
	2,164	700
	2,163	100
	2,154	100
	UNDER	43,600

股價下跌 511次	股價波動 969次	股價上漲 458次

已發行普通股數	5,102,300
市值	11,204,650,800

POINT 買賣時為慎重起見，也要觀察「內外盤」的狀況。

Q 37 要如何看待「股價」與「成交量」的關係？

判讀下列的基本資料時，請選出一個比較**不恰當**的思考邏輯。

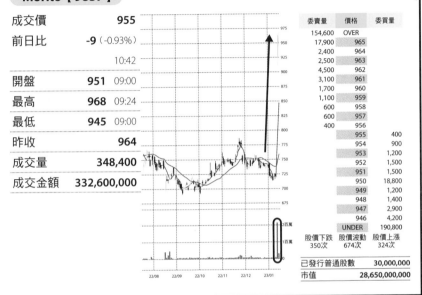

Morito【9837】

成交價	955
前日比	-9（-0.93%）
	10:42
開盤	951　09:00
最高	968　09:24
最低	945　09:00
昨收	964
成交量	348,400
成交金額	332,600,000

委賣量	價格	委買量
154,600	OVER	
17,900	965	
2,400	964	
2,500	963	
4,500	962	
3,100	961	
1,700	960	
1,100	959	
600	958	
600	957	
400	956	
	955	400
	954	900
	953	1,200
	952	1,500
	951	1,500
	950	18,800
	949	1,200
	948	1,400
	947	2,900
	946	4,200
	UNDER	190,800

股價下跌 350次	股價波動 674次	股價上漲 324次

已發行普通股數	30,000,000
市值	28,650,000,000

❶ 市值286億圓的話，雖然不太能算是小型股，但也還在投資對象的範圍內。

❷ 由於股價帶量飆漲，最好不要在此刻買進。

❸ 成交量急增時，還是要審視一下發生了什麼事比較好。

❹ 光看內外盤的趨勢，就算投資100萬圓，價格變動的風險應該也不高。

提示 找到股價急速上漲的個股時，請學會該怎麼判斷思考比較好。

正確答案

❷

解說

①對以 300 億圓的市值為上限的集中投資小型股而言，286 億圓的市值似乎有點大了，但還是可以投資。

如果以市值超過 1000 億圓的時候再來停利為前提，換算成股價的上漲幅度，大概可以抓到目前水準的 **3 倍**左右。

②由於股價飆漲，感覺暴跌的風險似乎也比較大，或許會想要觀察一陣子再說。只不過，如果是業績中長期穩健成長的公司，原本低迷的股價突然跳空上漲，這種箱型[19]的線圖通常是絕佳的買點。事實上，Morito 這時已經連續 3 年營收、獲利雙升了。

③股價帶大量急漲時，請務必檢查這個時間點（2023 年 1 月 16、17 日）發生了什麼事。實際調查後，得知 1 月 16 日（一）漲停板，榮登東證 Prime 的股價上漲率第一名。這是因為在 1 月 13 日（五）收盤後，公司發表 2023 年 11 月的累計合併收益預測。**預估的營業利益為 23 億圓，比前期增加 8.6%，宣布股利政策比去年增加 22 圓，將配發 54 圓，股價一舉攻上漲停。**

④股價 955 圓的話，一個單位約 10 萬圓（＝最低買進價格）。

觀察內盤的「委買量（以限價買進的委託量）」，由上而下依序是 400 股、900 股、1200 股、1500 股。換算成金額，分別約 40 萬圓、約 90 萬圓、約 120 萬圓、約 150 萬圓。現階段即使掛出 100 萬圓（10 單位）的買單，造成股價大幅變動的風險也不高。

---

19 箱型理論（Darvas Box Theory）是透過股價高低點、成交量來找出進場、出場、停損的技術分析方式。

POINT **股價急速上漲並不表示一定會馬上下跌。**

Q 38 財報公布前，怎麼做出有利的判斷？

思考要不要在財報公布前賣掉持股時，以下的想法何者比較**不恰當**？

❶ 2週前剛買的股票在公司發表財報前股價下跌了5％左右。市值約100億圓，從長遠的角度來看，足以判斷還有成長的空間，所以決定續抱。

❷ 半年前買的股票轉眼間就漲了3倍。半年前的目標是1年後市值為1000億圓，現在的市值為800億圓。雖然也覺得快要來到成長的高峰了，但是離目標價還有一小段距離，所以決定續抱。

❸ 2週前剛買的股票，因為大家都期待財報會表現得很亮眼，股價轉眼間就漲了1.5倍。市值只有500億圓左右，看似還有成長空間，但是考慮到財報公布的結果萬一不符合市場預期，股價可能會暴跌，所以決定在財報公布前賣掉。

❹ 半年前買進的股票在財報公布前跌了10％左右。可能是因為市場擔心財報的內容不盡理想，大量賣出，調節持股。市值為300億圓，似乎還有成長空間且看不到業績突然衰退的跡象，因此決定續抱。

提示👆 賣出股票的時間點，會因為整個投資策略的「達成率」而改變判斷。當股價在短時間內漲得比預期還要誇張，即使提早賣掉也不是壞事。

解說

① 不只財報公布前夕，股價上下波動 5％ 可以說是家常便飯。如果市值才 100 億圓左右，而且是在看準今後的成長動能之後才剛買進的話，應該可以繼續持有。

② 距離目標的市值還差 200 億圓，所以決定續抱的判斷乍看之下好像是對的。但如果股價只花了半年就成長 3 倍，早就已經賺到比預期更多的報酬了。

相較於市值 1000 億圓的目標，以成長到 800 億圓來說，達成率已經有 80％ 的水準。倘若感覺業務已經來到成長的高峰，大可不必冒險硬要賺到剩下 20％ 的成長空間。

不如稍微提早一點獲利了結，用那筆資金來投資別的成長股。

像 ③ 那樣財務都還沒有公布，股價只靠期待感就飆漲的時候，一定要小心！在這種充滿期待的狀態下等財務公布，就算財報的表現還可以，股價也可能應聲下跌。

這時請不要硬要冒險等財報公布，先出一趟比較好。

④ 則是財報都還沒公布，投資人就擔心業績惡化，導致股價暴跌的想法。

因為大部分的投資人都很擔心業績惡化，或許會覺得最好在財報公布前先出一趟。

但實際上，在財報公布前擔心業績惡化而導致股價下跌的股票，就算財報的表現確實不太好看，股價也不會跌得太慘，有時候股價反而會逆勢上漲。

這是因為財報公布前大量拋售股票，反而能減輕財報公布後的「賣壓」。

如果是因為財報公布前子虛烏有的臆測而導致股價下跌，反而應該續抱比較好。

➡ 財報公布前可以續抱的股票

- 剛投資的個股
- 尚未受到其他投資人關注的個股
- 公司還有很多成長空間的個股
- 儘管財報快要公布了，股價仍文風不動的個股
- 雖然尚未受到矚目，但財報的內容或許還不賴

➡ 要在財報公布前賣掉的股票

- 公司本身已經沒什麼成長空間的個股
- 認為差不多可以賣掉了的個股
- 財報公布前因為期待感而有人大買，導致股價上漲的個股
- 財報可能無法超越投資人期待的個股

POINT 應該要冷靜地判斷財報公布前，因市場的期待或擔憂而造成的股價波動。

思考是否在財報公布後賣掉持股時，以下的想法何者比較**不恰當**？

如果覺得那家公司的業績還有成長空間，請繼續持有、不要賣！

❶ 2週前剛買的股票,在公司發表營收增加、獲利減少的財報後,股價下跌10%左右。 獲利減少的主要原因是為了搬遷辦公室及留住人才,導致成本上升,但市值才100億圓左右,看起來還有成長空間,所以決定續抱。

❷ 半年前買的股票在財報公布後下跌了10%左右,財報的數字並不難看,只是業績的成長率明顯鈍化。 雖然市值才500億圓左右,但是比起繼續抱著成長率已經鈍化的股票,不如換成更有成長空間的投資標的,所以決定賣掉。

❸ 2週前剛買的股票在財報公布後上漲了10%左右。 儘管業績成長,但是考慮到市場規模,似乎已經沒有成長空間了。 市值也超過800億圓,已經很靠近市值1000億圓的目標了,所以決定在這個價位賣掉。

❹ 半年前買進的股票在財報公布後突然飆到漲停。 買入時的目標為1年後市值成長到1000億圓,但這次的漲停已經讓市值超過目標了。 決定趁漲停的時候盡可能早點賣掉股票,獲利了結。

提示 接下來還有機會大幅度成長的股票(正在上漲的個股),基本上都建議續抱。

解說

①營收增加、獲利減少的財報數字，很容易造成股價下跌。即使擴大事業版圖，增加營業收入，投資人還是很討厭看到獲利減損，導致股價下跌。

大多數的散戶投資人很容易只看到「獲利減少」的部分，就拋售股票，但最好再進一步思考，重點在於獲利為什麼會減少？是因為本業的表現不好，導致獲利減損？還是為了將來的利益，先把賺到的利益拿來投資呢？如果是本業表現不好，變成無法創造利潤的體質，確實馬上賣掉比較好。

另一方面，倘若體質良好，本業能創造利潤，現在做的投資是為了擴大未來的事業版圖，今後可能會有不容小覷的亮麗表現。那麼只要是以長期持有為前提，應該可以續抱。

如果是像②那樣，業績的成長率明顯鈍化，股價在財報公布後下跌的話，最好先賣掉再說。**賣掉並把資金移到更有成長力的股票，可以說是非常合理的判斷。**

③簡單地說，股價上漲的股票具有持續上漲的趨勢。因此當股價在財報公布後上漲，基本上都建議續抱。

然而，這個例子是市值似乎已經到頂了，再加上 800 億圓的市值相對於當初的目標已經達成了 80％。Q38 也有類似的例子，這時假如做出獲利了結的判斷也沒有問題。

④則是財報公布後，股價漲停時的思考模式。基本上，當股價還在上漲的過程中都建議續抱。

或許大家會認為因為已經超過目標的 1000 億圓市值，立刻獲利了結比較好。可是當市場還很火熱的時候，繼續持有比較容易獲得

更可觀的利益。

漲停板通常代表市場正熱到不行，就連原本沒看到這支股票的投資人也都聞風而來，這麼一來通常能創下高於原本實力的股價。

不要急著賣出漲停的股票，不妨冷靜地思考賣出的時機。因此要以短期當沖的感覺來審視股價線圖，一邊判斷賣出的時機。

以 5 分鐘為區隔的線圖稱為「5 分線」、以 10 分鐘為區隔的線圖稱為「10 分線」、以 1 天為區隔的線圖稱為「日線」。不用追蹤到分線那麼短的間隔，但還是要追蹤日線，一旦覺得「開始破線了」就要賣掉。

反之，絕不能犯的錯誤是股價一口氣漲過本身的實力後跌下來，都已經跌破線了還緊緊抱著那支股票不放；一旦覺得股價破線，就要馬上逃走。

5分線

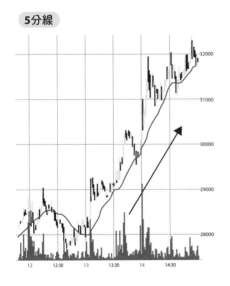

日線

POINT　看到個股漲停板時請不要緊張，冷靜地判斷賣出的時機。

Q 40 「自己的買進賣出」會對股價造成哪些影響？

仔細研究的結果，決定要投資 1000 萬圓在下一家公司。在實際買入股票前，請選出一個**不應該考慮**的事。

成交價	839
前日比	-11（-1.29%）
	15:00
開盤	826　09:03
最高	849　09:37
最低	825　09:03
昨收	850
成交量	39,000
成交金額	32,668,000

委賣量	價格	委買量
40,900	OVER	
600	855	
200	853	
1,000	852	
1,000	851	
1,600	850	
700	849	
1,300	848	
200	847	
500	846	
200	845	
	838	100
	835	300
	833	300
	832	300
	830	600
	828	100
	826	400
	825	400
	821	100
	820	1,400
	UNDER	40,200

股價下跌 74回	股價波動 157次	股價上漲 83次

已發行普通股數	23,292,040
市值	19,542,021,560

❶ 因為買盤太少，如果要投資1000萬圓，應該分成幾次買進。

❷ 看得出來委託的數量太少了，最好降低投資金額。

❸ 由於買盤太少，最好直接投入1000萬圓，以市價委託買進。

❹ 投資1000萬圓後，自己賣股票時可能會造成股價下跌。

提示 要把金額不小的資金投入於小型股時，光是一個買進的操作就會導致損益的變化。

正確答案

3

解說

假設要投入 1000 萬圓，這對散戶投資人來說是相當龐大的金額。思考更上一層樓的投資手法，有助於拓展身為投資人的思考邏輯。

「買盤太少」是指不受投資人青睞，委託張數比較少的狀態。這時若用稍微大一點的金額買進不受歡迎的個股，股價就會大幅上漲；反之只要用稍微大一點的金額賣出不受歡迎的個股，股價就會大幅下跌。

由於買盤太少，要投資 1000 萬圓在這種個股的時候，如果不分成幾次來買，光是自己的買盤就會導致股價急劇上漲，結果買在意想不到的高點。

具體的做法像是分成以 500～1000 股為單位限價委託，或是一邊觀察成交量，一邊以 500～1000 股為單位進行市價委託也是一個好方法。

依實際情況，有時候還必須分成好幾天來掛單買入。

賣出持股的時候也是，如果在買盤太少的情況下委賣，光是自己的委託可能就會造成股價暴跌。

倘若持股將來能吸引到更多買盤，促使成交量增加就沒問題，但如果成交量跟現在一樣，則必須考慮到不能輕易地一次就以大筆金額賣出的可能性。

視情況減少投資金額，將有助於更得心應手地投資。

POINT ! **一次投入一大筆資金時，必須從交易量觀察有沒有流動性風險。**

Q 41 要怎麼衡量「市值」與「同業」的比例？

因為認為建築產業今後有很大的成長空間而仔細研究，最後投資標的名單剩下 **4** 家公司。如果要從這 **4** 家公司鎖定一家公司投資，哪個想法最**不恰當**？

A公司		
市值　2兆4800億	營業利益　4兆1000億	營業利益　3700億

B社		
市值　560億	營業利益　1800億	營業利益　73億

C社		
市值　492億	營業利益　4000億	營業利益　84億

D社		
市值　59億	營業利益　66億	營業利益　5億

❶ A公司的營業收入和營業利益都很可觀，一般社會大眾的認知度也很高，但市值已經超過2兆圓，很難期待之後再有大幅度的成長。

❷ B公司的市值與C公司差不多，但只需要一半的營業收入就能賺到相同程度的營業利益，可見經營效率比C公司更好。

❸ C公司的獲利水準相較於營業收入來得低，因此很可能是賺不了錢的體質，最好不要投資。

❹ D公司的市值很小，但利益率比其他3家公司都來得高，從投資的成長空間來看，可以說是其中最吸引人的一家公司。

提示 鎖定要投資哪一家公司時，不只考量市值，市場規模也是衡量該公司成長空間一個很重要的指標。

正確答案

❸

解說

只要是在同一個產業從事類似的商業模式，通常會認為市值比較小的公司比較有成長空間。

①的市值已經超過 2 兆圓了，所以直接排除在投資標的之外應該是沒有問題的。與這種大企業進行比較，是衡量市場占有率及產業本身的成長空間很有用的指標。

②是與市值幾乎一模一樣的 C 公司做比較，儘管營業收入還不到一半，卻能產生相同水準的營業利益。可以想見這家公司的經營比較有效率，足以展開具有更高附加價值的事業。

③的獲利水準相較於營業收入來得低，但光憑這樣就斷定這家公司不會賺錢的話似乎有點可惜。如果是還在成長的公司，為了提升將來的業績，經常會把眼前的獲利先拿來投資。

不要因為利益率比較低就判斷這家公司不會賺錢，而是要更進一步地觀察「為什麼利益率這麼低」，再來判斷該怎麼做。

④是這 4 家公司裡市值和營業收入最小的公司。由於營建業的規模非常大，可能是因為知名度還不高的關係。也因此還有相當大的成長空間，也許今後蘊藏著非常大的爆發力也說不一定。

不能以市值小做為唯一的投資判斷標準，但市值小確實也是非常重要的指標之一。這個問題是以營建業的實際業績（2019 年統計資料）為基礎，④是 Lib Work（1431）。這家公司在那之後只花了 1 年左右的時間，市值就成長到近 300 億圓，股價也一去不回頭了。

POINT 比較市場規模和市值就能概算出成長空間。

Q 42　一次投入一大筆資金時，需要注意些什麼？

請選出**最符合**以下 **2** 個盤的說明。

板A

委賣量	價格	委買量
116,000	OVER	
1,500	4,555	
3,800	4,550	
14,700	4,545	
6,000	4,540	
7,500	4,535	
12,900	4,530	
5,700	4,525	
8,300	4,520	
7,700	4,515	
4,000	4,510	
	4,505	900
	4,500	8,100
	4,495	5,400
	4,490	6,200
	4,485	5,000
	4,480	9,500
	4,475	11,200
	4,470	4,700
	4,465	9,600
	4,460	4,200
	UNDER	78,600

板B

委賣量	價格	委買量
6,000	OVER	
400	1,535	
100	1,533	
200	1,530	
100	1,527	
200	1,526	
200	1,525	
100	1,524	
300	1,522	
300	1,519	
300	1,518	
	1,509	100
	1,498	300
	1,497	100
	1,493	200
	1,490	200
	1,488	100
	1,486	100
	1,480	100
	1,480	400
	1,475	100
	UNDER	9,600

❶ A盤如果掛出1000萬圓的市價委買單，股價會因為自己的交易跳空上漲。

❷ A盤如果掛出3000萬圓的市價委賣單，股價會因為自己的交易跳空下跌。

❸ B盤如果掛出1000萬圓的市價委買單，股價會超過1530圓。

❹ B盤如果掛出3000萬圓的市價委賣單，股價可能會跌停。

提示 👆 觀察內外盤可以掌握這支股票目前有多少交易。買股票的時候，一定要順著盤勢操作。

正確答案

4

解説

對一般的散戶投資人而言，在一支個股投資 3000 萬圓幾乎是不可能的事，但是為了學習邊看盤、邊掛出市價委託時的想法，請刻意從投資 3000 萬圓的情況來思考。

以 B 盤為例，假如掛出 3000 萬圓的市價委賣單，有很高的機率會貫到跌停（參照〈基礎篇〉末的 Column「什麼是漲、跌停？」）。

A 盤的買賣雙方都有很多的限價委託，因此就算一次掛出一整筆金額的市價委託，股價也不會有太大的變動。

另一方面，B 盤的限價委託比較小，一次掛出一大筆金額的市價委託可能會導致股價的大幅變動。

為了消化 3000 萬圓的市價委託，必須在 1500 圓的股價時有 2 萬股左右的買單。

然而從內外盤來看，就算把所有的限價委買單加起來也不到 2 萬股。因此如果在 B 盤掛出 3000 萬圓的市價委賣單，除非有新的買盤介入，否則股價會因自己的賣單而跌至跌停。

假設在同一個時間點有 3000 萬圓的市價買單注入源頭活水，理論上可以在不跌停的情況下成立交易，但是從現在的盤勢來判斷，基本上不太可能發生這麼好康的事。

POINT

身為成長中的投資人，應了解到自己在投資一大筆金額時對盤勢產生的影響力。

Q 43 相同產業的潛力股中要優先投資哪一家？

當你考慮投資經營醫療從業人員資訊網站的公司時，最後篩選出 **2** 家公司。如果要從這 **2** 家公司裡鎖定一家公司來投資，請選出一個**較正確**的投資判斷。

A公司

市值	81億
營業收入	20億
稅後淨利	2億

B公司（產業龍頭）

市值	1兆3441億
營業收入	994億
稅後淨利	195億

❶A公司（感覺股價有機會漲到100倍）。

❷A公司（感覺股價有機會漲到10倍）。

❸B公司（營業收入和稅後淨利都很可觀，可以放心投資）。

❹B公司（市值很大，可以放心投資）。

提示 🖐 同一個產業的投資標的篩選到剩下 **2** 個選手，在鎖定要投資哪一家公司時，要怎麼從市價、營業收入、稅後淨利來判斷呢？

正確答案

❷

解說

只要是同一個產業，市值比較小的公司反而有比較大的成長空間。

相較於產業龍頭 B 公司，A 公司的市值及稅後淨利的規模只有 B 公司的 1/100，是以迅雷不及掩耳的速度成長，總有一天會與產業龍頭 B 公司並駕其驅，甚至有超越 B 公司的可能性。

然而，要贏過大自己 100 倍的產業龍頭，除非有非常傲人的優勢，否則很難辦到也是事實。

另一方面，只要能搶走產業龍頭 B 公司的 **10％市場占有率（市占率）**，光是這樣就能讓 A 公司的稅後淨利成長 **10 倍**，市值也成長 **10 倍**。

從現實的角度來看，搶走 10％的市占率並不是不可能的任務。即使難以與產業龍頭並駕其驅，只要能搶走 10％市占率，「感覺股價有機會漲到 10 倍」，就是這一題的正確解答。

另外，這次的問題是以市場規模比較大的醫療相關個股為例，**實際進行投資的時候，還是要從那支個股所屬產業的市場規模來思考比較好**。有些產業本身的市場規模很小，個股就連要達到市值 1000 億圓的目標都難如登天。

再者，研究產業時也要審視那個業界的龍頭企業的市值。當產業成熟到一定的地步，可以直接將產業龍頭的市值視為該支個股「成長空間的天花板」。

POINT **計算看看，如果搶走產業龍頭的 10％市占率後，市值能成長多少。**

44 如何比較產品雷同的公司？

目前正在考慮要不要投資 A 公司（在網路上販售健康食品，業績明顯成長），發現有一家未上市的 B 公司也用相同的商業模式在網路上販賣營養補充品。請選出一個**較正確**的投資判斷。

A公司

市值	100億圓
事業內容	線上銷售訂閱制的健康食品
營業收入	30億圓
稅後淨利	3億圓

B公司（產業龍頭）

市值	未上市公司，所以不確定
事業內容	線上銷售訂閱制的營養補充品
營業收入	300億圓
稅後淨利	30億圓

❶ 健康食品與營養補充品是似是而非的商品，所以比較兩家公司這件事本身並沒有意義。

❷ 可以的話，想投資營業收入和稅後淨利都比較高的B公司。

❸ 營養補充品的市場規模是健康食品的10倍，因此考慮到成長空間，兩者皆可投資。

❹ 既然是相似的商業模式，顧客層也很接近，A公司的業績可望像B公司那樣成長到10倍，所以投資A公司。

> 提示 若想了解「這家公司的成長空間有多大？」建議與商業模式相似的其他公司做比較。

正確答案

❹

解說

　①健康食品與營養補充品確實是似是而非的商品，但購入商品的客戶在「這是為了維持健康」的目的其實是一樣的。因此可藉由比較 A 公司與 B 公司來預測有多大的成長空間。

　②B 公司雖然未上市，但營業收入和稅後淨利都比已上市的 A 公司多，因此不難想像在消費者之間的知名度也比較高。

　然而，考慮到未來的成長空間，**應該是 A 公司比較有機會經由投資得到更可觀的獲利。**

　③只是比較這兩家公司的規模，並沒有顯示出市場規模。

　④A 公司的規模只有 B 公司的 10 分之 1。兩者皆以相同的商業模式、在相同的領域販賣網購商品，既然未上市的 B 公司可以實現 300 億營業收入、30 億圓稅後淨利的業績，**合理預估已上市的 A 公司將來也能把事業擴大到相同的規模。**

　提供大同小異的商品、服務的公司在市場上多如繁星，重點在於應該要著眼於「商業模式」。即使同樣都是販賣健康食品的公司，視其主要是在網路上販售、還是在實體店鋪銷售，成長策略及利益率、經營課題等等將完全不一樣。同樣的商業模式，如果市場上有已經大放異彩的領頭羊公司，可以參考那家公司的市值及成長曲線，將有助於預測今後的成長空間。

POINT 　**不妨比較提供大同小異的商品和服務的公司，來思考今後的成長空間。**

Column

靠 1 支股票賺到 1 億圓的故事

當然還是要有一定程度的資金，但是集中投資小型股光靠 1 次投資就賺到 1 億圓的獲利並非神話。

以我為例，2017 年投資 1000 萬圓左右在北方達人股份有限公司（2930）時，只花了 1 年左右，股價就漲超過 10 倍，光靠 1 支個股就得到超過 1 億圓的獲利。

我找到這家公司時，市值才 100 億圓左右。這是一家在網路上販賣美容液等保養品的公司，生意在當時非常好，業績每年都有相當大的成長。

於是我便如同本書所介紹的，比較市場規模及其他同業等等，從各種不同的角度來研究這家公司的成長空間，發現順利的話，市值可望成長到 1000 億圓的規模，也就是說還有 10 倍的成長空間，因此決定投資。

投資後，我仍繼續分析股價的線圖及業績的達成率等資料，摸索賣出的時間點。

過程中也曾經發生過股價大幅下挫的情況，但是我判斷業績的達成率還不到一半，所以決定續抱。

這些判斷全都見效了，最後我光靠這支個股，就賺到了 1 億圓的獲利。

找出3年翻10倍的股票！

接下來終於要進入高級篇了！很好，來去看看吧！

Q 45　什麼是「基本面分析」？

請從以下的基本面（財務上的基本條件）分析，選出所有錯誤的分析。

❶ 即使是基本面分析出來比較高價的股票，只要業績持續成長，股價就會上漲。

❷ 即使是基本面分析出來比較便宜的股票，只要賣的人很多，股價就會繼續跌。

❸ 倘若透過基本面分析，發現股價相對於現在的收益偏高，表示股價已是頂點。

❹ 倘若透過基本面分析，發現股價相對於現在的收益偏低，表示股價還在低點。

提示👆 基本面分析是根據公司的業績或資產來判斷該不該投資的分析方法，但股價不一定會照分析的結果波動。

正確答案

❸ ❹

解說

基本面分析（Fundamental analysis）是從業績及財務狀況、股利政策、經濟動向等分析公司真正價值的方法。倘若股價相對於公司的價值偏低，或確認今後還有成長空間，那支股票就能買。

順帶一提，Q46 提出的「技術分析」則是根據股價線圖從過去的股價波動預測未來的漲跌。

基本面分析的本質，建立在公司所有的價值（市值）是基於「與那家公司終生創造的利益連動」的想法。

因此請模擬現在公司保有的資產及未來可能產生的利益，計算出那家公司的確切價值（市值）。

然而，理論是一回事，所謂的股價會隨著投資人的期待或失望等人類的情緒變動。因此，也會出現無法經由數字的基本面分析來說明的股價。

① 無論用基本面分析出來的股價再貴，只要那家公司的業績持續成長，股價就會跟著繼續上漲，**因此不能斷定「基本面太貴＝股價已封頂」。**

② 也一樣，無論用基本面分析出來的股價再便宜，只要有人一直賣股票，股價就會跟著繼續探底，**因此也不能斷定「基本面便宜＝股價在低檔」。**

③④ 基於上述的理由，無法光靠基本面分析的數值來判斷股價已過高還是低檔。

無論如何，基本面分析都不是萬靈丹，頂多只能視為一種衡量標準。

分析公司真正的價值

企業的狀況	經濟的動向

● 業績
● 本益比
● 股價淨值比
● 股利政策

宏觀 經濟動向社會狀況

微觀 企業業績財務狀況

基本面分析
（分析財務上的基本條件）

著眼於營收、獲利等業績及財務狀況來分析企業真實
價值的方法。

基本面分析只是
一種衡量標準

POINT 基本面分析頂多只能當成一個判斷標準。

Q 46 什麼是「技術分析」？

請從利用股價線圖以過去的股價波動預測未來股價的技術分析中，選出**所有錯誤**的分析。

❶ 技術分析的「買進訊號」，在統計上預測股價上漲的準確率很高。

❷ 透過技術分析即使能知道眼前的需求與供給，也無法預測1年後的需求與供給。

❸ 技術分析的「賣出訊號」，在統計上預測股價下跌的準確率很高。

❹ 如果是長期投資，光靠技術分析也能交易。

提示👆 技術分析是以「股價是由需要和供給決定」為基礎的分析方法。

解說

技術分析（Technical analysis）是觀察股價的線圖，從過去的股價波動分析今後股價波動的方法。此思考方法的前提，股價是以想買股票的人與想賣股票的人，兩者之間的需求與供給的平衡來決定。

順帶一提，在投資人的世界裡，分成重視 Q45 介紹過的基本面分析的「基本面分析派」與重視這次介紹的技術分析的「技術分析派」，兩派人有時候會各執己見，互不相讓。

重視股價線圖的技術分析派，對基本面分析派重視的財務報表及營業計畫書不屑一顧，他們認為可從股價線圖中得到股價波動所需的訊息。

不斷短期進出的投資人，基本上都可以說是技術分析派。技術分析傾向預測當前的股價走向、基本面分析則是傾向預測未來的股價趨勢。

集中投資小型股既不是技術分析派，也不是基本面分析派，而是參考兩者的資訊，以提高投資股票的勝率，藉此讓資產翻倍再翻倍。

①的「買進訊號」琳琅滿目，像是短期的移動平均線由下往上突破中期的移動平均線時，稱之為「黃金交叉」（Golden Cross）。但是若說出現這種買進訊號，統計學上股價上漲的機率就高，倒也不盡然。

至少根據我分析過去數據的結果，得到的結論是股價不一定會上漲，什麼都說不準。只不過，這部分完全依股市的狀態及個股而異，因此不能一概而論。

②技術分析只對以釐清眼前的需要與供給有效，**無論眼前的買**

盤有多大，出現再多「買進訊號」，都只不過是短期的需要，所以無從得知半年或１年後的供需。

③的概念和①一樣，就算透過技術分析發現被視為「賣出訊號」的「死亡交叉」（Death Cross），股價也不見得會下跌。

④ 只用技術分析交易的人稱為「當沖客」，他們面對股市的態度與中長期的投資人完全不同。即使都在股票市場中殺進殺出，玩的遊戲也完全不一樣。

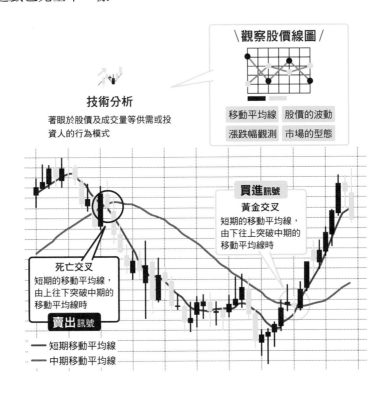

\觀察股價線圖/

技術分析
著眼於股價及成交量等供需或投資人的行為模式

| 移動平均線 | 股價的波動 |
| 漲跌幅觀測 | 市場的型態 |

買進訊號
黃金交叉
短期的移動平均線，
由下往上突破中期的
移動平均線時

死亡交叉
短期的移動平均線，
由上往下突破中期的
移動平均線時
賣出訊號

—— 短期移動平均線
—— 中期移動平均線

POINT 技術分析跟基本面分析一樣，只能作為一個判斷標準。

Q 47 如何分析公司的基本資料？

在思考要不要投資下面這家公司時，下列何者比較不恰當？

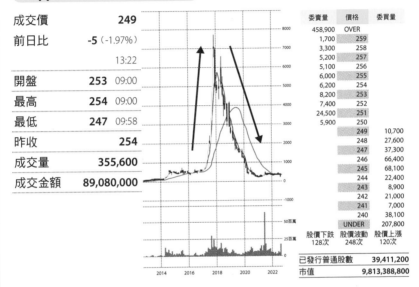

Pepper Food Service（3053）

成交價	249	
前日比	-5（-1.97%）	
	13:22	
開盤	253	09:00
最高	254	09:00
最低	247	09:58
昨收	254	
成交量	355,600	
成交金額	89,080,000	

委賣量	價格	委買量
458,900	OVER	
1,700	259	
3,300	258	
5,200	257	
5,100	256	
6,000	255	
6,200	254	
8,200	253	
7,400	252	
24,500	251	
5,900	250	
	249	10,700
	248	27,600
	247	37,300
	246	66,400
	245	68,100
	244	22,400
	243	8,900
	242	21,000
	241	7,000
	240	38,100
	UNDER	207,800

股價下跌	股價波動	股價上漲
128次	248次	120次

已發行普通股數	39,411,200
市值	9,813,388,800

❶ 來研究股價突然從2017年飆漲到2018年的主要原因。

❷ 股價急跌後，暫時維持了好一陣子的下跌趨勢，所以現在不應該買進。

❸ 2017年的股價超過8000圓，所以股價很可能再回到相同的水準。

❹ 由於是市值98億圓的小型股，看IR的結果，股價今後可能漲到2、3倍。

提示 👇 在思考要不要投資股價一度從神壇跌落的公司時，不妨把股價視為「運動選手的紀錄」。

正確答案

3

解說

　　觀察 ① 的股價線圖，發現股價飆漲了 10 倍以後突然又跌到只剩 1/10，一定要搞清楚主要原因出在哪裡。以這家公司為例，只要上網用「Pepper Food Service（公司名稱）、2017 年（年）、雪球股（現象）」等關鍵字搜尋，就能查到許多資料。

　　順帶一提，當時以站著吃牛排的方式來提高翻桌率，並以低價位搶攻市場的牛排店「IKINARI STEAK」門庭若市，迅速地開了很多分店。營收與利潤持續增加，股價曾經從最便宜的時候一口氣漲了 152 倍。

　　② 不管業績好壞，股價線圖像這樣處於下跌趨勢的個股，基本上最好別輕易出手。

　　③ 即使是同一家公司，請記住過去的股價不等於未來的股價，這是投資股票的大前提。

　　換句話說，不管過去的股價曾經創下多麼輝煌的記錄，都不足以成為股價接下來也會以相同水準上漲的根據。

　　股價一旦從高點跌落，被投資人棄如蔽屣，就要體認到這家公司的股票已經不可能回到全盛時期的水準，因為沒有投資人會對已經看到天花板的公司再投入新的資金。

　　④ 雖然不是現在馬上可以投資的公司，但由於市值只有 98 億圓，規模還很小，如果日後成功地推出新的業務或與具有潛力的企業合作，使業績好轉的話，股價很有機會翻漲 2、3 倍。

POINT

一定要審視在過往的股價線圖中，出現大幅度股價變動的主要原因。

Q 48 如何分析市值還很小的公司？

在思考要不要投資下面這家公司時，下列想法何者比較**不恰當**？

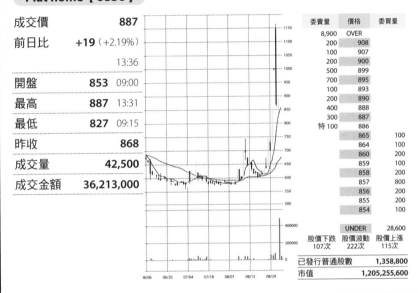

Plat home【6836】

成交價	887
前日比	+19（+2.19%）
	13:36
開盤	853　09:00
最高	887　13:31
最低	827　09:15
昨收	868
成交量	42,500
成交金額	36,213,000

委賣量	價格	委買量
8,900	OVER	
200	908	
100	907	
200	900	
500	899	
700	895	
100	893	
200	890	
400	888	
300	887	
特 100	886	
	865	100
	864	100
	860	200
	859	100
	858	200
	857	800
	856	200
	855	200
	854	100
	UNDER	28,600

股價下跌	股價波動	股價上漲
107次	222次	115次

已發行普通股數	1,358,800
市值	1,205,255,600

❶ 股價急漲後又急跌，但市值只有**12億圓**，股本還非常小，所以如果有成長性的話還是可以買進。

❷ 市值只有**12億圓**，股本太小了，所以股價成長**3倍**以上的可能性非常低。

❸ 交易量雖然很少，但如果投資金額在**50萬圓**以下，自身買賣而造成股價波動的風險仍在可以接受的範圍內。

❹ 由於股價大起大落，可能已經碰到天花板，再也漲不上去了。

提示 市值非常小，暫時不受投資人青睞的個股，若因某種原因突然飆漲的話，視情況將成為很大的投資機會。

解說

①市值只有 12 億圓的上市公司可以說是「超小型股」，成交量也非常少，有時候一天幾乎成交不了一張。這種個股基本上都不受投資人的青睞，如果不是業績低迷，就是營業收入沒有成長空間，再不然就是持續虧損。

Plat home（6836）是利用 Linux 等免費 OS（作業系統）規劃伺服器或系統的公司，財報虧損連年、營收不斷減少，業績相當低迷。

股價之所以在 2022 年 9 月飆漲過一陣子，主要是因為松井證券大量持有，持股比例超過 5%。

②市值只有 12 億圓的超小型股，只要業績稍有改善或發佈投資者關係消息（IR），股價很可能立刻漲到 2、3 倍。不妨仔細地研究其業績及商業模式，觀察成交量及內外盤的狀況，在合理的範圍內思考要不要投資。

像③這種成交量太低的個股，一次掛出一大筆金額的市價委買（不指定價格的買單），可能會輕易地讓股價一口氣飆到漲停，所以要特別小心。目前的股價是 887 圓，觀察內外盤的「買賣單」，發現 886 圓掛了 100 股、887 圓掛了 300 股、888 圓掛了 400 股。如果只有 50 萬圓，就算掛市價委買單也能在 888 圓以下買進，所以股價還在容許範圍內。

④股價在短期間內飆漲到 2 倍後急跌，看到這種形態的線圖，一定要記得提醒自己「股價可能已經漲到頂了」。只不過，考慮到市值及業績等等，如果能判斷還會繼續成長，就可以考慮投資。

POINT

市值太小的小型股，特性是只要出現一點風吹草動，股價就會大幅波動。

Q 49 如何解讀「盤」的流動性？

在思考要不要投資下面這家公司時，下列想法何者比較**不恰當**？

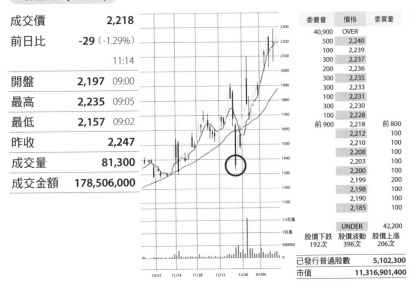

CREAL（2998）

成交價		2,218
前日比	-29（-1.29%）	
		11:14
開盤	2,197	09:00
最高	2,235	09:05
最低	2,157	09:02
昨收		2,247
成交量		81,300
成交金額		178,506,000

委賣量	價格	委買量
40,900	OVER	
500	2,240	
100	2,239	
300	2,237	
200	2,236	
300	2,235	
300	2,233	
100	2,231	
300	2,230	
100	2,228	
前 900	2,218	前 800
	2,212	100
	2,210	100
	2,208	100
	2,203	100
	2,200	100
	2,199	200
	2,198	100
	2,190	100
	2,185	100
	UNDER	42,200

股價下跌	股價波動	股價上漲
192次	398次	206次

已發行普通股數	5,102,300
市值	11,316,901,400

❶ 為市值113億圓的小型股，股價線圖也呈現上升趨勢，因此基本上可以買進。

❷ 最好調查一下12月中旬股價大幅下跌的原因。

❸ 光看內外盤，就算以1000股為單位買進，流動性風險應該也不高。

❹ 想等到股價下來一點再買，所以不妨在1900圓上下掛限價買單。

提示 投資股價正一路上漲的公司時，不妨從宏觀的角度觀察市值及今後的成長空間再做判斷。

正確答案

❸

解說

①市值 113 億圓的小型股,是集中投資小型股時非常吸引人的投資標的,因此可以列入投資觀察對象。股價線圖也還處於上升趨勢,這部分並沒有問題。

觀察②的股價線圖,發現股價曾經在 12 月中旬大跌過一次。請務必調查這段時間發生過什麼事。

由於股價已經推升了,可以預料只是暫時的因素,但是掌握導致這家公司的股價下跌的原因,對今後的投資也很有幫助。

不妨更進一步地仔細調查,股價在一度重挫後、又帶量急漲的主要原因。

上網用「CREAL(公司名稱)、2022 年 12 月(年月)、股價暴跌(現象)」等關鍵字搜尋,會找到「不動產基金管理平台『CREAL』推出 iOS 應用程式」的新聞。

通常推出新的服務,股價都會乘勢而起,這次卻反而大幅下跌。再進一步調查後來股價飆漲的原因,又找到「關於 2023 年 3 月期的合併財務預測,營業利益從 3 億 3000 萬圓向上修正至 4 億 8000 萬圓(比前期增加了 53.4%),稅後淨利從 2 億圓向上修正至 2 億 7000 萬圓(比前期增加了 57.0%)」的新聞。

可見這次業績大幅度的向上修正,是股價帶量飆漲的主要原因。

③股價 2218 圓是指以最小單位 100 股投資的話,金額約 22 萬圓。但買盤很少,如果要投資 1000 股(約 220 萬圓),光是自己的買賣就有影響股價波動的風險。

這種市值很小、買盤極少的小型股比較適合小額投資。

另一方面,有時在公布合作案或財報後,隨著成交量增加,內外

盤的流動性可能會一口氣發生變化。像這種時候，就算金額稍微大一點，也可以不用管價格波動，直接買賣。

④ 股價持續處於上升趨勢固然是一件好事，卻也讓人擔心現在的股價會不會已經漲到最高點了。

如果想等股價稍微跌下來一點再買，不妨指定希望買賣的價格，掛出「限價委託」。

只不過，如果認為是很有發展性的潛力股，許多投資人都跟你一樣「想等到股價下來再買」，有時候股價反而遲遲跌不下來。

這麼一來可能會發生「錯失以目前股價買進的機會」，不妨鼓起勇氣不指定價格，以現在的股價掛出「市價委託」比較好。

有時候就算想買也買不到呢！真傷腦筋啊！

POINT

內外盤的流動性，有時候會因為新聞或財報公布而產生相當大的變化。

Q 50 如何從經營者是最大股東的公司裡找出成長股？

尋找最大股東是創業者的公司時，最後剩下 2 家公司。請選出 1 年後的投資報酬較高的公司，以及**最合理**的原因。

【A 公司】

事業	寵物保健商品的網路販售
市值	150 億圓
營業收入	200 億圓
稅後淨利	10 億圓
PER	15 倍
PBR	1.5 倍
市場規模	約 1 兆 7200 億圓

【B 公司】

事業	併購仲介
市值	300 億圓
營業收入	30 億圓
稅後淨利	10 億圓
PER	30 倍
PBR	3 倍
市場規模	約 23 兆圓

❶ 市值只有B公司的一半，營業收入反而比較多，所以A公司比較有成長空間。

❷ PER及PBR都只有B公司的一半，感覺很便宜，所以A公司的風險比較低。

❸ B公司的市值是A公司的2倍，相較於A公司5%的淨利率，B公司超過30%，非常高，因此可以期待B公司配比較多的股。

❹ B公司的PER及PBR是A公司的2倍，相對比較高，但是考慮到產業的市場規模，B公司具有壓倒性的成長空間。

提示👆 不要只比較市值和業績，也要從成長空間的角度來思考。

正確答案

④

解說

在網路上販賣寵物保健商品的 A 公司市值比較小，PER、PBR 也相對便宜，但是卻可以判斷提供併購仲介服務的 B 公司具有比較大的成長空間。

關鍵在於「市場規模」的差異。

寵物食品、寵物用品加起來的日本國內市場規模約 1 兆 7200 億圓，但併購產業的市場規模據說約 23 兆圓，顯然是併購產業的市場規模要大得多。

A 公司的市值約占整個市場的 0.87％，而 B 公司居然連 0.13％都不到。**雖然兩者都有成長空間，但是如果二選一，顯然是 B 公司的成長空間遠大於 A 公司。**

話說回來，即使在寵物食品、寵物用品的產業裡，寵物保健商品的市場規模應該也只占了相當小的一部分。

併購仲介的 B 公司市值為 300 億圓，在業界還算是非常小的規模（不到整個市場的 1％），因此只要是具有競爭力的公司，可望有非常大的成長空間。

還有，①②的選項也不是完全錯誤。只不過，如果問到進行投資決策時最重要的要素是什麼，以這兩個案例來說，我認為是市場規模。

至於③，雖說利益率很高，也不見得一定會配很多股 。

POINT **可以從市值占產業市場規模多大的比例，來確認大致的成長空間。**

Q 51 如何深挖大股東的總經理情報？

研究哪些股票有機會在 **3** 年後變成 **10** 倍股時，最後篩選到剩下以下 **3** 家公司。如果要從股東結構鎖定 **1** 家公司，會選擇哪家公司呢？請同時說明選擇那家公司的理由。

❶ 坪田研究所【4890】

股東名稱	比率
坪田一男（總經理）	61.72%
坪田股份有限公司	13.33%
大高功	7.66%
山田進太郎	1.87%
近藤真一郎	1.12%
Mars股份有限公司	1.04%
原裕	0.92%
JINS HOLDINGS股份有限公司	0.92%
樂敦製藥股份有限公司	0.92%
渡邊敏文	0.87%

❷ MicroAd Inc【9553】

股東名稱	比率
思數網路股份有限公司	56.45%
軟體銀行股份有限公司	18.00%
SWAY股份有限公司	7.18%
SCSK股份有限公司	4.54%
田中宏幸	1.83%
渡邊健太郎（總經理）	1.66%
MicroAd員工持股會	1.58%
穴原誠一郎	0.97%
榎原良樹	0.66%
瀧本岳	0.51%

❸ Micro 波化學【9227】

股東名稱	比率
UTEC 2號投資事業有限責任組合	19.84%
JAFCO SV4共有投資事業有限責任組合	14.29%
INCJ股份有限公司	12.58%
吉野巖（總經理）	9.86%
塚原保德	9.46%
三井化學股份有限公司	5.13%
PNB-INSPiRE Ethical Fund 1 投資事業有限責任組合	4.27%
OUVC 1號投資事業有限責任組合	3.54%
SBI新生銀行股份有限公司	1.86%
DBJ資產投資事業有限責任組合	1.70%

誰是大股東非常重要喔！

❸ 這個問題是申論題。

請整理好解答和理由後，再翻到下一頁。

> 提示 那家公司未來將如何成長，會因為誰是大股東而有所差異。請發揮想像力來思考這個問題。

解說

在這 3 家公司裡，唯一一家公司的創辦人是總經理也是最大股東，握有過半數的股權是選擇的關鍵。

股價 3 年就能翻 10 倍（＝市值 10 倍）的公司都有一個共通點，那就是創辦人（現任總經理）是最大股東，掌握了經營權。

創辦人（現任總經理）是最大股東有一個很大的優點，那就是在提升股價及股利分配這點與一般投資人的利害關係是一致的。如果是受雇的總經理，因為不是大股東，即使提升股價及股利分配，也無法幫助自己得到直接的獲利，因此動力通常沒有身為最大股東的總經理來得高。還有一點十分重要，那就是最大股東（現任總經理）的為人。**請觀察：總經理是個什麼樣的人？具有什麼樣的經營理念？為什麼要股票上市？想利用上市籌措的資金做什麼？**可以在 YouTube 頻道投資系列「stockvoice」[20] 的訪談影片，找到可作為參考的影片或報導。

② MicroAd Inc（9553）的大股東名單裡，不乏思數網路股份有限公司（4751）及軟體銀行股份有限公司（9434）這些鼎鼎大名的企業，因此經營層面或許不用擔心會出問題，但是要在短期間內就翻 10 倍的可能性通常不高。這點受到經營者不是最大股東很大的影響。

③ Micro 波化學（9227）給人創投公司很容易挹注資金的印象，不難想像倘若傾向於在短期內獲利了結的創投基金，已經設定好手中持有的股票要在多少錢獲利了結，或許就能抓出股價這段期間的上限。

---

20 StockVoice 每天透過東京證券交易所的 Arrows Studio 透過網路電視和地面數位廣播直播日本經濟的現狀，目前有 10.4 萬追蹤人數。台灣的讀者可以搜尋大股東的名字，看看是否有報導或訪談。

POINT

最大股東是創辦人兼現任總經理的公司，將成為很有潛力的投資標的。

Q 52 | 如何操作想要短期獲利的個股？

請從下列對某家公司的投資判斷及其理由中，選出一個**最恰當**的想法。

● 上市第 1 年，市值 150 億圓，專門為手機製作遊戲的公司
● 超有名的製作人公布了新遊戲的企畫案
● 還在研發階段的新遊戲掀起話題，股價開始上漲
● 新遊戲 1 個月後才會上市，其內容將保密到上市當天
● 新遊戲的官方網站打出「一定會很好玩！」等自信十足的宣言
● 在網路上掀起話題，股價出現似乎要開始飆漲的訊號
● 股價已經比新遊戲即將上市掀起話題前，上漲了 **20%** 左右
● 還不清楚新遊戲的內容，所以也不得不承認股價是被期待感推升上去的

❶ 投資（至少持有1年左右比較好）。

❷ 投資（最好在新遊戲上市當天以前就全數出脫）。

❸ 不投資（市值150億圓已經太大了，所以具有暴跌的風險）。

❹ 不投資（上市才第1年的遊戲公司尚未做出實際成績，所以無法信賴）。

提示 投資沒有唯一的正確解答。只有比較有可能創造獲利的選項，但那也不是絕對正確的答案，這點請牢記在心。

正確答案

❷

解說

這是一個真實案例。2015 年 9 月上市的 Brangista（6176），請來了製作人秋元康共同研發手機遊戲，他因栽培出 AKB48、乃木坂 46 等知名偶像團體而聲名大噪，在網路上掀起一波討論的風潮。

這件事由日本經濟新聞報導出來後，原本 500 多圓的股價漲到 1000 多圓，2016 年 5 月 16 日甚至衝到了 1 萬 5850 圓的高價。

實際推出的虛擬夾娃娃遊戲「神之手」，可以得到與當時最受歡迎的 AKB48 等偶像團體合作的禮物。只要透過手機的應用程式，就能用虛擬的夾娃娃機來玩，獲得的實體禮物則會寄送到玩家手中。

當 Brangista 說明這是一款由秋元康設計的手機遊戲且「課金率[21] 100％，光靠課金，每年就可望有 1200 億圓的營業額」，股價從此瘋狂飆漲，不料上市後的業績並沒有想像中亮眼，股價一瀉千里。

遊戲上市前，無從得知是否真能非常受歡迎、業績是否能急速成長。

然而光靠「秋元康」這塊金字招牌，就足以讓投資人對這項產品充滿期待了，大家對這款手遊的期待感在上市前即已來到高峰，也因此導致後來的股價暴跌。

如果是在股價上漲到 20％的時候就買進，就算這次的投資看走眼了，只要在股價被打回原形的階段停損，頂多損失 20％左右，所以也不是不能以短期當沖的感覺來操作。

因為期待感太高了，股價的成長空間超乎想像的可能性也很高，

---

21 日文「課金」有收費之意，這句話意思是說在遊戲中使用現金購買資源的消費行為；透過「課金」讓角色更強大、裝備更齊全。

正因為完全無法想像能多受歡迎，感覺就像大著膽子，利用投資人的期待感搭上股價大漲的順風車。

要抓住這種商品或服務上市前的期待感、搭上股價大漲的順風車時，一定要在實際上市前完成買進與賣出是最重要的前提。

以 Brangista 為例，是趕在新遊戲上市前，預測股價光靠投資人的期待感就能上漲而買進股票。

賣出的時機則是新遊戲上市前，市值超過 1000 億圓或者是投資人的期待感在上市前開始轉弱，認為股價不再有成長空間的時候。

無論如何都要以短期的角度交易，因此建議盯緊股價線圖，將投資時的股價減損 20％的價位設為停損點。

不管賣出的時間拖得多久，都不能拖過遊戲上市當天。如果過了上市日以後還想繼續持有，就必須比較那家公司即時的市價，判斷商品、服務的內容與營業收入的變化（例如營收排名等等），因此要觀察股價線圖的「日線」來判斷賣出的時機。

股價居然在遊戲上市前就漲了10倍以上……

POINT　**想利用投資人的期待感搭上股價大漲的順風車時，請務必要以短期的角度設定好停損點。**

如何預測成長股的成長空間？

在思考要不要投資以熊本為據點的建設公司 Lib Work（1431）時，觀察其業績變化、與其他競爭對手的市值做比較。請問下列何者是最**不恰當**的想法？

Lib Work【1431】　市值：約 200 億圓

單位：百萬圓　　　　　　　　　　　　　　　　　　　　2022年6月17日更新

【業績】	營業收入	營業利益	經常利益	稅後淨利	每股盈餘（圓）	每股配息（圓）	【股利政策】	股利（圓）
單19.6*	6,597	532	573	391	19.3	3.13	21.9	1.4
單20.6*	6,036	144	195	137	6.5	4.5記	21.12	1.4
連21.6*	9,404	486	582	336	15.7	4.58	22.3	1.5
連22.6*預	13,700	660	700	420	18.9	5.8	22.6預	1.5
連23.6預	15,000	800	840	500	22.5	6	22.9預	1.5
連21.7～12	6,524	289	304	183	8.1	2.8	22.12預	1.5
連22.7～12預	7,000	350	370	220	9.9	3	23.3預	1.5
連20.7～3*	5,856	100	160	71	3.4		預估殖利率	0.78%
連21.7～3	8,607	182	204	105	4.7			
會22.6預	13,700	660	700	420	-	(22.5.12)	BPS（圓）〈連22.3〉	
							139.2	(149.4)

營建業的市值

順位	公司名稱	市值
1	大和房屋工業	2兆2605億圓
2	積水房屋	1兆6063億圓
3	大東建託	9008億圓
4	飯田集團控股	7143億圓
5	長谷工股份有限公司	4386億圓
6	住友林業	4084億圓
7	West Holdings Corporation	2025億圓
8	東建股份有限公司	1268億圓
9	Tama Home	721億圓
10	Leopalace21	567億圓

2022年2月3日統計資料

❶市值比其他競爭對手小，所以投資風險相對比較大。

❷最近2年時好時壞的業績開始好轉，因此可以列入投資標的清單。

❸最好事先調查清楚2020年營收、獲利同步下滑的原因。

❹從市值規模來看，蘊藏著股價飆升20倍以上的潛力。

與其他商業模式相去不遠的公司做比較，來預測那家公司的成長空間吧！

提示 與相同產業的其他競爭對手做比較，就能大致掌握產業的市場規模與想要投資的那家公司有多少的成長空間等等。

① 看到這裡的各位讀者，應該都已經知道答案了吧！

市值比其他競爭對手小，成長空間更大，所以反而是很適合投資的標的。

② 與 ③ 觀察近 2 年的業績，發現 2020 年業績一落千丈，因此一定要調查原因是什麼。

搞清楚原因之後，有時候可能會發現不要投資比較好。以 Lib Work 為例，從 2020 年 6 月期的財報可以看出，營業收入微減，營業利益、經常利益、稅後淨利都大幅減損。原因出在 2020 年開始大爆發的 COVID-19 疫情，所以造成一時的收益減損。

④ 相較於營建業市值前 10 名的公司，Lib Work 的市值才 200 億圓，可見規模還很小。

倘若 Lib Work 能繼續順利地成長，將來打進市值前 10 名，市值（＝股價）將成為現在的 3 倍，如果能打進市值前 6 名，市值要漲到 20 倍以上也不是夢。

不過，Lib Work 以熊本為據點，是以九州為中心拓展事業版圖的營建公司。

單從這點來看，比起事業版圖已經遍布日本全國的大和房屋工業或積水房屋，最好視為成長空間將受到限制。

當然，假如 Lib Work 進軍全國，成為業界第一把交椅的可能性也不是沒有，但是考慮到實現這個宏願可能需要的時間成本等等，最好事先擬訂投資策略。

POINT **與市值在同一個產業排在前幾名的公司做比較，預測股價的成長潛力。**

從股價線圖判斷買賣的時間點為？

請從下列股價線圖的解說中選出所有**不恰當**的說法。

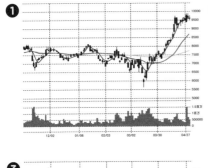

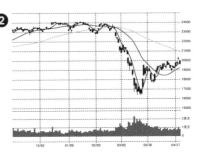

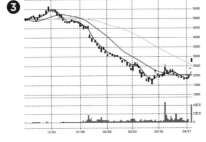

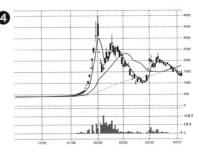

要學會看股價線圖喔！

❶ 股價有段時間都以極小的波動箱型盤整，好不容易等到移動平均線往上攀升，應該是可以買進的時機了。上漲前一度跌到最近的最低價，令人有點在意，幸好撐住沒有賣掉，一旦突破賣壓，股價或許就能輕鬆地一路竄升上去。

❷ 原本以極小的波動箱型盤整理好長一段時間的股價，突然一口氣進入下跌趨勢。移動平均線也一再下探，一度跌至谷底之後，股價突然又開始回魂，應該能視為已經打好底了，是可以買進的時機。

❸ 原本一路下探的股價最近2次帶量上漲。第1次上漲後，股價馬上又跌回去，所以不妨視為再次進入下跌趨勢。第2次漲到了長期移動平均線之上，認為轉為上升趨勢的可能性很大，是買進的好時機。

❹ 股價急速竄升，一連漲了好幾個漲停板，創下股價高點後，又開始一路跌停，是很典型的「單靠期待感上漲的個股」。在那之後股價仍好幾次上下大幅波動，好不容易冷靜下來，期待今後還會再大漲一波，因此在這個時間點買進。

提示 🖢 本書一再強調從股價線圖判斷買賣時機的基本：要在剛開始上漲的時候買進、開始下跌的時候賣出。

解說

① 和 ③ 就像選項的內文所說，② 也無法否定已經觸底的可能性。

問題是，股價的位階還處於長期移動平均線之下，因此無法斷言說已經完全脫離下跌趨勢了。

接下來也很有可能碰到長期移動平均線，繼續下跌，因此不是很建議在這個時間點買進。

④ 是典型的「單靠期待感上漲的個股」的股價線形，具有短期內一再急漲又急跌的特徵，一旦這波行情走完，投資人就會失去對這支股票的興趣。

隨著成交量減少，股價跌得很慘，最終可能回到急漲前的價位，有時候甚至還是比急漲前更低的價位。

當然，如果出現新的利多消息，股價可能再次飆漲，但是已經走完一波行情的股票「斷崖式下跌」的事實，也已經在投資人之間傳得人盡皆知，因此幾乎不可能再超越上次創下的高點，因此絕不建議在這個時間點買進。

股價線圖頂多只是用來掌握眼前趨勢的一種指標，即使有一定的邏輯可循，股價也不見得一定會依照分析的結果上漲或下跌。

股價經常往投資人意想不到的方向跑，因此請千萬小心，切莫太過相信股價線圖。

POINT ❗ 注意股價線圖的趨勢和成交量、移動平均線的變化。

Q 55 從內外盤的買賣數量可以判斷出什麼？

請從下列關於買賣盤的思考邏輯中選出一個**錯誤**的想法。

A盤

委賣量	價格	委買量
2,537,400	OVER	
8,700	1,550	
1,200	1,549	
1,700	1,548	
900	1,547	
1,500	1,546	
4,300	1,545	
1,000	1,544	
800	1,543	
100	1,542	
1,200	1,541	
	1,540	400
	1,538	900
	1,537	1,200
	1,536	200
	1,535	600
	1,534	1,700
	1,533	1,000
	1,532	1,800
	1,531	1,400
	1,530	18,700
	UNDER	699,400

B盤

委賣量	價格	委買量
2,470,000	OVER	
200	1,593	
300	1,592	
5,300	1,591	
12,200	1,590	
400	1,589	
100	1,588	
100	1,585	
100	1,584	
200	1,583	
100	1,582	
	1,570	1,000
	1,569	200
	1,568	900
	1,567	300
	1,566	900
	1,565	1,300
	1,564	700
	1,563	1,100
	1,562	1,800
	1,561	5,300
	UNDER	2,140,800

C盤

委賣量	價格	委買量
889,800	OVER	
700	1,567	
5,300	1,565	
2,700	1,564	
400	1,563	
400	1,562	
100	1,561	
700	1,560	
100	1,559	
100	1,557	
10,900	1,555	
	1,549	600
	1,548	15,100
	1,547	32,600
	1,546	2,700
	1,545	39,900
	1,544	76,000
	1,543	48,400
	1,542	1,800
	1,541	54,300
	1,540	19,200
	UNDER	535,100

❶A盤整個看下來，委賣張數比較多，所以「賣壓」比較大，股價短期內應該很難上漲。

❷B盤的委賣張數與委買張數差不多，因此很難判斷是賣方還是買方占優勢。

❸B盤的1590圓和1591圓都有大筆的賣單。只要這個價格的賣單成立（成交），眼下的賣單會減少，股價短期內應會上漲。

❹C盤有很多大筆的買單，可以想見這應該是法人掛的單。不妨趁著法人掛單的時候賣掉比較好。

提示 可以從內外盤知道現在需要與供給的比例。想買進股票的投資人比較多的時候具有「買氣旺盛」、想賣出股票的投資人比較多的時候具有「賣壓沉重」的傾向。

解說

　　①的 A 盤處於左側的委賣張數比較多的狀態。可以想成是持有這支股票的投資人比較傾向於正打著「股價再上漲一點就要賣掉」的如意算盤。

　　股價如欲上漲，「市價」的買單必須多於限價的賣單才行，因此光從盤來看，現階段最好不要買進。

　　②和③的 B 盤則是委賣張數與委買張數勢均力敵的狀態。

　　因此光看這個盤所透露的訊息，還不足以判斷股價會如何波動。

　　掛 1590 圓和 1591 圓的限價賣單一旦成交，將會流入更多的買單，因此股價可能會上漲。

　　不過，倘若無法突破這個股價，股價就會陷入就算想漲也漲不上去的「上面有壓力的狀況」。

　　④的 C 盤雖然有些是金額很大的限價委買，但那些量不見得是法人的買單。

　　當買氣旺盛的時候，股價上漲的可能性很大，基本上最好抓住這波機會、趁機上車。

 POINT 　從內外盤的買賣張數掌握股價短期的趨勢。

Q 56　該如何應對股價暴跌？

下列何者是股票市場
暴跌時**不正確**的案例？

❶ 舉世聞名的巨大企業出現跌破所有人眼鏡的破產消息。那家公司的股價自不待言，遍及世界各地的客戶也受到波及，破產的影響如漣漪般擴散開來，讓股市陷入驚慌失措的狀態，全世界都跌得亂七八糟。

❷ 前所未有的大地震直擊日本的東北地方。海嘯帶來非常大的災害。地震發生後，日經平均指數應聲暴跌。到了第二天，得知對首都圈的災情沒那麼嚴重，股市開始恢復正常。

❸ 受到COVID-19的衝擊，打開電視就會看到街上的人影全都消失的新聞，日經平均指數連跌了好幾天。儘管過了一段時間，日銀就開始進場護盤，但股價還是花了1個月以上才漲回原點。

❹ 日銀猝不及防地宣布要調升政策利率，因此資金開始從股票市場流入國債等標的，導致日經平均指數暴跌。一般而言，中央銀行宣布升息後，股價通常都會下跌。

提示👆 股價會因為各式各樣的原因暴跌，共通點在於「猝不及防」。

正確答案

❷

解說

　　這一題的選項是為了讓各位對股價暴跌時的背景有更深入的理解，所以全部都是實際發生過的事。

　　②乍看之下似乎很有說服力。**實際上，不只 311 大地震發生當天，股價在第二天以後仍跌跌不休，**當時的股價波動如下所示。

　　311 大地震發生於 2011 年 3 月 11 日（五）靠近下午 3 點收盤的 2 點 46 分。震災發生後，市場立刻湧入大量賣單，日經平均指數在短短 10 分鐘左右就跌了 100 圓以上。收盤價比前一天跌了 179 圓，收在 1 萬 254 圓。當天以各產險公司的股價暴跌最為顯著。

　　隔週的 3 月 14 日（一）上午 9 點一開盤就湧入了大量的賣單。收盤價比上週末又跌了 633 圓，收在 9620 圓。因為福島第一核電廠 3 號機的爆炸意外被報導後，東京電力的股票在這一天來到了跌停板，根本無法成交。第二天 3 月 15 日（二）隨著福島核電廠事故導致輻射量異常上升的消息傳出，日經平均指數下跌了將近 1400 圓。

　　在東證一部上市的個股當中有 **97％下跌，終場收在 8605 圓，大跌 1015 圓。**創下跌幅高達 **10.55％**的紀錄。這是自 1987 年的黑色星期一、2008 年的雷曼風暴以來，日本歷史上第 3 高的跌幅。

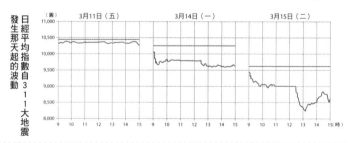

POINT 　必須了解出乎意料之外突發性暴跌的背景。

Q 57　何謂避險？

下列為股價暴跌時，為了守護資產不受傷所採取的避險手法，請從中選出一個**不正確**的做法。

❶ 當市值、本益比、股價淨值比等都超越一定的水準後，開始獲利了結，平常就要保持多一點的現金水位，以備暴跌時能進場撿便宜。

❷ 感覺到市場氣氛有點詭譎可能會暴跌的時候，就要賣掉手中所有的持股，以防暴跌。萬一看錯方向，股價並沒有暴跌，再買回來就好了。

❸ 平常可以利用信用交易，開槓桿來買股票，以便暴跌時可以立刻賣空。

❹ 一面保留持股，一面買進大約與持股相同數量的VIX指數（恐慌指數）當作股價暴跌時的保險，或者是購買兩倍反向指數（指數每下跌1％就上漲2％）等金融商品。

> **提示** 大部分的散戶投資人都不曉得股價下跌時，要如何保護自己的資產。所以在擬訂投資策略時要先想好股價暴跌時該怎麼因應才好，妥善地保護自己的資產。

解說

① 某種程度，一旦覺得股價達到一定的高點，就要養成先出一趟的習慣，這樣才能減少部分資產被股價暴跌拖累的風險。另外，保留多點現金，還能在股價跌到底部的時候進場撿便宜。

只不過，如果股價遲遲不暴跌，這個策略將會損失機會成本。所以要注意這部分的平衡。

② 一旦覺得氣氛有點不對勁，只要先賣掉所有的股票，就能免於被暴跌拖累的風險。就算股價沒有真的暴跌，只要再把股票買回來就好了，頂多花點手續費就能解決，負擔不算太大。

問題在於怎麼抓住那個時間點，這點非常困難。就連專家也很難正確地預測暴跌，所以在「剛開始暴跌」時先出脫所有持股，是比較合乎現實。

③ 是對抗暴跌時最不該採取的避險手法。暴跌時被洗出市場，從此再也回不來的典型就是平常開槓桿，利用信用交易[22]來買股票的人。只要是信用交易，就難免陷入不得不強制停損的狀況。

只持有現股的話，就算受到暴跌的痛擊，承受巨大的損失，至少也不會陷入強制停損的狀態。

④ 則是不賣掉持股，只對暴跌的部分避險的方法[23]。

當市場陷入不穩定的狀態，投資人感到萬分恐懼時，VIX 指數會一口氣上漲，「日經平均兩倍反向指數」則是設計成當日經平均指數下跌，可以反向上漲跌幅 2 倍的金融商品，可藉由購買這些金融

---

22 信用交易有融資（向券商借錢）與融券（向券商借股票）兩種。
23 台股市場曾發行過連結美股「恐慌指數」的期富邦 VIX ETF（代號 00677U），已在 2021 年 6 月終止。

商品來對暴跌做好避險，這樣就不用賣掉持股了。

只不過，這些金融商品的設計是如果沒有暴跌反而會一點一滴地侵蝕到本金，因此不適合長期持有。請務必當成一時的避險工具來使用。

以下是過去 VIX 指數的股價變動線圖，提供給各位做參考。

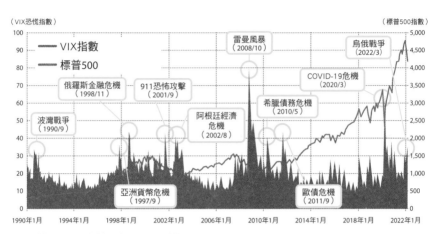

（VIX恐慌指數）　　　　　　　　　　　　　　　　　　　　　（標普500指數）

出處： 根據Bloomberg的資料由野村資產管理公司製作

要做好股價每隔幾年就會暴跌一次的準備！

Q 58　如何因應股價的急漲、急跌？

請選出下列股票市場中可能會有高度暴跌風險的**所有**案例。

❶ TOPIX或標準普爾500指數[24]連日刷新過去的高點。 歷史性的好景氣一路持續，無論買哪一支股票都能賺錢的狀態。 不動產價格及物價也不斷地往上攀升，大部分參與股票市場的人都樂觀以對。

❷ 日本政府為了促進國民投資買股票，提供了優惠的稅制。 八卦節目及雜誌上連日來都在討論股票投資的話題，有許多從沒投資過的人都衝進來買股票。

❸ 日本的空氣污染變成很嚴重的問題，大部分國民外出的時候都必須戴上特殊的口罩。 室內用的空氣清淨機供不應求，各家電廠商的股價都水漲船高。

❹ 東證Prime上市公司的平均本益比成長到超過80倍。 日本的人口持續減少，但隨著技術進步，勞動生產力提升，物價及所得都隨之上揚。

---

24 標準普爾 500 指數（Standard & Poor's 500），是指美國 500 家大型上市公司績效的市值加權股票市場指數可視為提供美國股市與整體經濟狀況的指標。

> **提示** 不可能事先預測股價暴跌的時間點，但是可以知道其預兆。 當實際狀況與股價大幅背離，只有股價不斷上漲的話，暴跌的風險也隨之提升。

正確答案

❶ ❷
❸ ❹

以上皆是

解說

　　所有的選項都顯示出股票市場正處於暴跌風險極高的狀態，必須提高警覺。

　　① 大部分參與股票市場的人都樂觀以對時，股價可能會在短期內上漲，**但遲早一定會開始下跌。**

　　2021 年的美國股市就是這樣。包含專家在內，絕大多數的人都非常樂觀地看待不斷上漲的美國股市，但是 2022 年情況急轉直下，陷入持續下跌的趨勢。

　　股票市場不可能永遠上漲，也不可能永遠下跌。**切忌被氣氛迷惑，過於樂觀，請冷靜地審視現在的股價恰不恰當。**

　　② 當投資股票成為顯學，許多以前沒碰過股票的人都開始投資的狀況跟 Q26 提到過，一旦擦鞋童開始滔滔不絕地說起股票的話題，即為大暴跌的前兆，這是同樣的道理。

　　幾乎所有的國民都在投資的狀況（至少在日本國內），相當於「已經沒有新的源頭活水能再投入股市」的狀態。

　　2017 年下半年到 2018 年年初，加密貨幣（虛擬貨幣）「比特幣」掀起狂潮，連以前從來沒有投資過虛擬貨幣的搞笑藝人，都在電視上討論買賣比特幣的話題。

　　趁著這股熱潮，許多沒有投資經驗的人都跟著買進比特幣，價格也漲了好幾倍，然後，價格就暴跌了。後來，自 2020 年下半年起，類似這樣劇烈的波動反覆出現。

　　當很多沒有投資經驗的人都突然開始投資，基本上就是「賣出的訊號」了。

　　③ 則是國民的行動完全改變的範例，也就是受到 COVID-19 衝

擊時所發生的狀況。

所有人都被要求減少外出，使得外食及旅行、鐵路、航空等產業都受到很大的打擊，業績一口氣下滑。不過，網路上的娛樂及線上會議系統、餐飲外送等提供居家防疫需求的產業則都有極為亮眼的業績，但是從整個股票市場的角度來看，還是處於暴跌的狀態。

④ 東證 Prime 的平均本益比拉高到 80 倍的水準等於是「如果買下一家在東證 Prime 上市的公司（假設一直延續目前的獲利），要花 80 年才能全額回收投資的金額」。

一般東證 Prime 的平均本益比是 15 倍左右，所以成長到 80 倍實在太誇張了。雖然所得跟著上升，乍看之下好像是一件好事，但因為物價也隨之上漲，因此也產生通貨膨脹的情況。

要小心，別一時昏頭隨著風潮起舞喔……

POINT

瞬間受到所有投資人的矚目與青睞，很容易導致股價的急漲、急跌。

變成 10 倍股的股票故事

集中投資小型股的一大樂趣就在於，只投資一支股票就可以讓資產翻好幾倍，視情況甚至可能增加數十倍。

以美國的股票為例，如果在 Amazon.com（AMZN）剛上市的時候就投資 100 萬圓，現在大概已經變成約 20 億圓（約 2000 倍）了，在日本即使沒有這麼誇張的獲利，但也有許多在幾年內可以翻 10 倍的個股。

那麼，到底什麼樣的股票可以翻 10 倍呢？

《公司四季報》（2019 年第 4 集秋季號，東洋經濟新報社）製作過一個「在任期內讓市值增加超過 10 倍的經營者」特輯，裡面介紹了 68 家股價超過 10 倍的公司。

我研究這個特輯後發現，股價變成 10 倍的公司裡，大約有 75% 左右都是大股東兼總經理的公司，93% 是市值 300 億圓以下的公司。換句話說，從大股東兼總經理的公司裡再篩選出市值 300 億圓以下的公司，出現 10 倍股的可能性相當高。

本書出題的基礎，就是以這種有可能成為 10 倍股的「小型股」為對象、「集中投資」的投資手法。只要好好學習投資的本質，持續買進，或許各位也能在不久的將來遇到「10 倍股」。

財報和技術圖的
分析和評估

接下來是應用篇！
一起努力堅持到最
後吧！

Q 59 如何判斷股價的趨勢？

請比較下列 2 支個股，並選出所有**不正確**的思考邏輯。

CREAL【2998】

提供 1 萬圓就能投資不動產的群眾募資平台的公司

成交價	2,151
前日比	-42（-1.59%）
	14:03
開盤	2,200　09:00
最高	2,235　09:01
最低	2,141　13:46
昨收	2,193
成交量	63,500
成交金額	138,473,000

委賣量	價格	委買量
47,600	OVER	
100	2,176	
500	2,175	
100	2,172	
100	2,170	
900	2,167	
200	2,162	
100	2,161	
200	2,155	
600	2,153	
300	2,151	
	2,145	100
	2,144	100
	2,143	200
	2,142	100
	2,141	200
	2,140	300
	2,139	100
	2,138	500
	2,135	800
	2,134	200
	UNDER	38,900

股價下跌	股價波動	股價上漲
174次	309次	135次

已發行普通股數	5,102,300
市值	10,975,047,300

WealthNavi【7342】

利用「機器人投資顧問」提供全自動資產管理運用服務的公司

成交價	1,390
前日比	+47（+3.50%）
	14:16
開盤	1,438　09:09
最高	1,490　09:09
最低	1,385　13:05
昨收	1,343
成交量	1,938,000
成交金額	2,772,776,000

委賣量	價格	委買量
524,600	OVER	
2,300	1,399	
1,100	1,398	
400	1,397	
1,200	1,396	
1,000	1,395	
900	1,394	
300	1,393	
500	1,392	
600	1,391	
900	1,390	
	1,389	900
	1,388	3,900
	1,387	1,200
	1,386	2,800
	1,385	8,000
	1,384	800
	1,383	5,600
	1,382	4,500
	1,381	5,200
	1,380	15,800
	UNDER	236,200

股價下跌	股價波動	股價上漲
3493次	6039次	2546次

已發行普通股數	48,364,669
市值	67,226,889,910

請先不要偷看 下一頁的正確答案！

❶ CREAL（2998）正處於上升趨勢，可以投資，WealthNavi（7342）則處於下降趨勢，現階段不適合成為投資標的。

❷ 比較兩家公司的市值，CREAL約110億圓，WealthNavi約670億圓，相差6倍，CREAL似乎比較有成長空間。

❸ 比較內外盤，WealthNavi的買氣比CREAL旺盛，因此如果要投入一大筆資金，光考慮流動性風險的話，投資WealthNavi的風險比較低。

❹ CREAL的股價已經處於上升趨勢好一陣子了，所以下跌風險高；而WealthNavi的股價已經跌到谷底了，所以繼續下跌的風險較低。這時如果要投資的話，應該選擇WealthNavi比較好。

這個問題要鍛鍊的是綜合判斷市值與股價線圖時的思考能力。各位想投資哪一家公司呢？

提示 👆 請運用目前學到的一切，從股價線圖、市值、內外盤的資訊來對應用篇的問題進行綜合性的判斷。

解說

① 基本上，最好不要碰下跌趨勢的個股。

雖然也覺得 WealthNavi 的股價好像已經打完底了，但是光靠股價線圖來判斷的話，處於上升趨勢的 CREAL 依舊是更吸引人的投資標的。

② 再來比較市值，市值較低的 CREAL 顯然具有比較大的成長空間，可望獲得更高的投資報酬率。

③ 比較內外盤，WealthNavi 的內盤有比較多大筆的限價委買張數，因此如果要一次投入比較大筆的金額，（單從流動性的角度來判斷的話）WealthNavi 的風險明顯比較低。

④ 光靠線型無法判斷股價是不是已經到頂了。

單看線型或許覺得 CREAL 的股價已經漲到天花板了，但是用市值來比較的話，可能又會覺得 CREAL 還有成長空間。

我建議大家在進行投資判斷時，要從綜合性的角度來看股價線型和市值。基本上，筆者不建議投資市值太大，股價也已經漲過一波的公司。

建議投資市值較小，股價線圖還處於上升趨勢的公司。在投資股票的世界裡，具有上漲的股票會不斷漲上去、下跌的股票會一直往下跌的傾向。

正確答案

❹

POINT

最好優先投資處於上升趨勢的個股，不要碰正處於下跌趨勢的個股。

Q 60 如何判斷財務是否健全？

根據下方的資料在深入研究 **CREAL**（**2998**）時，請選出所有**不正確**的思考邏輯。

CREAL【2998】

2022年12月16日更新

公司名稱	CREAL
結算	3月
成立時間	2011.5
掛牌日期	2022.4
特色	提供1萬圓就可以投資不動產的群眾募資平台。也買賣實際的不動產和專門提供給專業人士的投資服務
主要經營業務	CREAL 44、CREAL Partners 44、CREAL Pro 12〈22・3〉
產業編號	8050
產業名稱	不動產業
增資	不動產群眾募資的服務意外地受歡迎，會員人數也與日俱增。實際的不動產服務以販賣中古屋華廈最賺錢。雖然人事費用等增加，但營業收益優於上一季。利息負擔降低。2024年3月期也將繼續推出投資案件豐富的群眾募資。
準備	為了擴充投資商品的陣容，繼續積極錄取工程師，以求公司內部的 系統運作、製作物件報告等業務更有效率。
公司地址	100-0015 東京都台東區東上野2-13-2
電話號碼	TEL03-6264-2590
員工人數	〈22・3〉連62人、單37人（40.0歲）[平均年薪] 681萬圓
產業類別	證券、期貨 市值順位：34／48家公司
券商	[上]東京（G）[幹]（主）SBI（副）瑞穗、大和、岡三、樂天、岩井日星證券、東洋、松井、Monex [名]瑞穗信 [監]EY新日本
銀行	三井住友、瑞穗、樂天、千葉、東日本
公司網站	https://corp.creal.jp/
已發行普通股數	10／31 5,102千股 市值78.5億圓
供應商	—
大客戶	—
股息發放率	—（3期平均—）【增減配次數】增0 減0 平0 無2

【財務】〈連22.9〉百萬圓	
總資產	16,947
自有資本	2,005
自有資本比率	11.8%
股本	696
保留盈餘	710
附息負債餘額	2,302

❶ 自公司成立到上市花了超過**10**年的時間，因此稱不上是快速成長的公司。

❷ 「**1**萬圓就能投資不動產的群眾募資」即使現在有成長空間，但通貨膨脹接下來會愈來愈嚴重，不動產價格也會跟著水漲船高，所以是未來看不到需求的商業模式。

❸ 員工**62**人、平均年齡**40**歲，與其說是正在勢頭上的組織，不如說是已經衝刺到一個段落的組織。

❹ 自有資本比率**11.8**％的水準相當低，因此就算業績再好，還是有破產風險，最好不要投資。

即使是一般人認為對的資訊也不要囫圇吞棗，請自己仔細地思考「為什麼？」

提示 不要只憑數值就做出判斷，重點在於要從綜合的角度去思考。

正確答案

①②④

解說

①公司從成立到上市的時間愈短，會給人一股充滿氣勢的感覺，但就算花了 10 年以上的歲月才上市，也不能斷章取義地認為「沒有急速成長」。

即使是同一家公司，當總經理換人或展開新的事業，可能也會因此脫胎換骨，業績開始好轉。

②當物價上漲造成通貨膨脹時，不動產的價格通常也會跟著上揚，所以能用少量的金額開始投資不動產的群眾集資，反而有更大的需求才對。

③平均年齡 40 歲雖然稱不上年輕有朝氣，但也因為有比較年長的員工，不難想像公司的風氣會比較沉穩。

④「自有資本比率」是用來顯示經營的健全程度，自有資本比率愈高，財務愈穩定。

不過，自有資本比率的水準依產業而異，應與同業做比較。例如同業中有些公司的財務體質非常健全自有資本比率 80％，但有些卻只有 11.8％的低水準。

只不過，也不能因此就斷定這家公司「有很高的破產風險」。

這可能是因為 CREAL 把透過群眾募資的資金列入損益表（Proflit and Loss Statement，PL）中的負債，才導致自有資本比率過低（實際上，下一頁的財務資料確實可以看到這樣的記述）。

主要產業的平均自有資本比率

產業	自有資本比率
建築業	39.5%
製造業	45.6%
資訊通信業	58.6%
運輸業、郵政業	36.3%
批發業	38.3%
零售業	36.7%
不動產業、物品租賃業	32.7%
旅館業、餐飲服務業	14.4%
服務業（其他無法分類的產業）	44.9%

摘錄自 「平成30年中小企業實態基本調查」 各產業中有盈餘的企業平均數字
出處 ： https://doda.jp/companyinfo/contents/finance/009.html

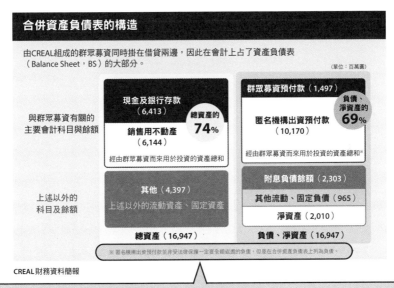

合併資產負債表的構造

由CREAL組成的群眾募資同時掛在借貸兩邊，因此在會計上占了資產負債表
（Balance Sheet，BS）的大部分。

（單位：百萬圓）

與群眾募資有關的
主要會計科目與餘額

現金及銀行存款
（6,413）

銷售用不動產
（6,144）

總資產的
74%

經由群眾募資而來用於投資的資產總和

群眾募資預付款（1,497）

匿名機構出資預付款
（10,170）

負債、
淨資產的
69%

經由群眾募資而來用於投資的資產總和*

上述以外的
科目及餘額

其他（4,397）
上述以外的流動資產、固定資產

總資產（16,947）

附息負債餘額（2,303）

其他流動、固定負債（965）

淨資產（2,010）

負債、淨資產（16,947）

※ 匿名機構出資預付款並非受法律保護一定要全額返還的負債，但是在合併資產負債表上列為負債、

CREAL財務資料簡報

※ 匿名機構出資預付款並非法律保護一定要全額返還的負債，但是在合併資產負債表上列為負債。

POINT

比較同一個產業的自有資本比率，來判斷財務體質
是否健全。

Q 61 如何看待「股利分配」與「前期投資」？

根據下方的資料深入研究 CREAL（2998）時，請選出所有**不正確**的思考邏輯。

CREAL 【2998】

單位：百萬圓　　　　　　　　　　　　　　　　　　　　　　2022年12月16日更新

【業績】	營業收入	營業利益	經常利益	稅後淨利	每股盈餘（圓）	每股配息（圓）	【股利政策】	股利（圓）
連20.3*	3,776	263	215	152	39.0	14.1	20.3	4230
連21.3*	7,141	183	105	50	12.4	0	21.3	0
連22.3	10.581	313	256	172	40.4	0	22. 3	0
連23.3預	17,000	500	500	300	58.8	0	23.3予	0
連24.3預	24,000	800	750	500	98.0	0	24.3予	0
連21.4～9	9,340	503	475	327	66.8	0	預估殖利率	—%
連22.4～9預	11,000	600	600	400	78.4	0	BPS（圓）〈連22.9〉	
會23.3預	16,000	330	310	200	-	(22.5.13)	399.8	(243.9)

【股東】[單]1,480人〈22.9〉萬股	
股東名稱	持股數、持股比例（％）
德山明成	133(26.7)
BRIDGE-C ADVISORY	78(15.5)
橫田大造	39(7.9)
金子好宏	31(6.3)
櫻井聖仁	30(6.1)
Custody Bank of Japan信託帳戶	23(4.7)
BRIDGE-C HOLDINGS	23(4.7)
Y's Capital Partners	6(1.1)
樂天證券	5(1.0)
澀谷賢一	5(1.0)
〈外資〉22.5%	〈流通在外比例〉9.2%
〈投信〉4.8%	〈董監事及大股東持股比例〉75.5%

CREAL 財務資料簡報

❶ 2020〜22年的2年間，營業收入每年持續穩定成長，但最終稅後淨利並沒有顯著的增加，由此可知這個商業模式可能賺不到什麼錢。

❷ 代表事業規模的營業收入急速成長，因此可能是這個時代需要的商業模式。

❸ 2020年有分配股利，但2021年以後就沒有分配股利了，可見營業收入儘管有所提升，卻沒有反應在實質的獲利上。

❹ 這家公司的總經理「橫田大造」的持股只能排到第3，必須仔細地調查一下最大股東「德山明成」是何許人也。

不要光看數字的增減，也要探索數字背後的真實意義，才是利用投資建立資產的不二法門！

提示 👆 為了提升未來的業績，而敢將賺到的利潤用於前期投資的公司，將持續成長。

正確答案

❶❸

解說

① 稅後淨利是由營業收入減去各式各樣的費用後剩下的「最終盈餘」（參照 Q14、Q34）。只不過，上述的稅後淨利與公司的商業模式在本質上賺不賺錢是兩回事。

依公司的經營風格不同，有許多公司並不會刻意留下多一點稅後淨利，而是為了今後的事業發展，把錢用於前期投資。

所以不要因為沒有留下稅後淨利就判斷一家公司「不會賺錢」，而是要澈底地看過商業模式再來判斷。

② 營業收入成長代表那家公司提供的商品、服務很多人搶著要，可見其商業模式確實有其市場需求。

不妨將利益視為那家公司提供的「附加價值」。**把利益率愈高的公司視為可以提供更大的附加價值給社會。**

③ 一旦不配發股利，原本鎖定股利而買進的投資人就會賣掉手中的持股，因此股價短期內可能會下跌。

然而，倘若公司為了擴大事業版圖，把原本要發給股東的股利用於前期投資，對投資人而言，更期待未來業績改善後的上漲股價。

事實上，世界上有一家非常有名的公司上市至今超過 20 年，儘管營業收入每年持續增加，卻一次也沒有分配過股利。那家公司並非不願意配發股利給股東，而是基於其經營理念「與其配發股利，不如拿來用於前期投資以擴大事業」，才能讓股東權益最大化。

那家公司就是大家都耳熟能詳的 Amazon.com（AMZN）。

④ 假如公司成立還不久，通常都是由創辦人擔任總經理，但是 CREAL 卻是由創辦人（也是最大股東）擔任董事長。

這時可以想見實質上對經營握有決策權的人，並非第 3 大股東橫

田大造總經理，而是最大股東德山明成董事長。

因此用公司名稱和人名上網搜尋時，必須仔細地調查兩者之間的因果關係。

為了讓公司成長，把收益再用於投資是最理想的做法！不只股利分配，也要好好地調查公司有沒有成長‼

POINT

也有很多小型股的公司會把收益用於前期投資，而非先分配股利給股東。

※Q 59～Q 63是相關的題目

Q 62　如何解讀「財務資料簡報」？

下列資料摘錄自 CREAL（2998）的財務資料簡報[25]，根據資料深入研究時，請選出**所有不正確**的思考邏輯。

---

01 第2季的結算報告

實現不動產投資的民主化，致力於創造一個人人都能建立資產的社會

推進資產運用的數位轉型，提供任何人都能透過投資不動產穩定安全地建立資產的服務

散戶投資人專區／敝公司的主力成長事業

將數位轉型運用在不動產投資上，讓每個人都有機會投資不動產

不動產基金線上交易平台	提供給個人的不動產投資運用服務
creal 從1萬圓開始投資	creal partners 從1千萬圓開始投資
用於短期資金操作的不動產群眾募資平台 提供給個人的不動產投資運用服務	為了利用數位轉型達到長期資產運用的效果，透過投資實體不動產來運用資產

| 法人及
超有錢人專區 | creal pro
從1億圓開始投資 | 特別為專業人士設計的不動產基金事業
特別為專業人士設計的不動產基金事業 |

---

02 第2季的結算報告

2023年3月期第2季的各事業業績

所有的事業都依照事業計畫穩定成長，尤其是CREAL事業，直至上一期累積的案件全都順利脫手，成長得非常穩定

（單位：百萬圓）	2022年 3月期 前2季累計	2022年 3月期 2季累計	年增率
CREAL			
營業收入	3,030	6,541	+115.9%
營業毛利	283	581	+104.9%
CREAL Partners			
營業收入	1,701	2,359	+38.7%
營業毛利	219	285	+29.7%
CREAL Pro			
營業收入	625	439	-29.7%
營業毛利	164	359	+117.9%

CREAL事業

依照事業計畫穩定成長。
累積到2022年3月期及當年度第1季的CREAL案件全都順利償還，尤其集中在第2季，營業收入大幅增加。不僅確保了適度的Take Rate也增加了營業毛利。

CREAL Partners事業

依事業計畫增加收入，維持毛利率，增加獲利。CREAL Partners是敝公司的主力事業之一，為促進事業成長也增加了營業人員。

CREAL Pro事業

手續費是本事業的主要收入，前期因為賣掉備受矚目的庫存資產，導致營業收入減少。另一方面，本期因為累積了許多AM事業，提高了手續費收入的比例，獲利增加。

CREAL財務資料簡報

❶ 可以看出這家公司分成「適合1萬圓開始少額投資的個人」、「適合從1千萬圓以上開始投資的個人」、「適合從1億圓以上開始投資的個人、法人」等3種客層來展開不動產投資事業。

❷ 建議3種事業中，最好專注投資於「適合從1千萬圓以上開始投資的個人」為主。

❸ 「適合從1億圓以上開始投資的個人、法人」的營業毛利率最高，因此這項事業的業績將成為預測將來股價最重要的部分。

❹ 為了好好研究營業收入與營業毛利最具有成長空間的「適合從1萬圓開始少額投資的個人」，不妨實際使用一下這項「CREAL」的服務看看。

---

25 上市公司當年度截至當季之營業收入、營業利益、營業外收入及支出合計、稅後淨利（淨損）、期末股本、每股盈餘及每股淨值等財務資料。台灣上市公司即時資料可至公開資訊觀測站（ https://mops.twse.com.tw/ 彙總報表→財務報表 ）查詢。

嗯……腦袋好像快要開始冒煙了……

提示 👆 那家公司營業收入占比最高的主力事業，其業績將與今後的股價成正比。

解說

① 如果在思考要不要投資時，請先掌握那家公司的營業收入是由什麼樣的事業構成，其次再確認哪些事業是那家公司賣得最好的商品、服務。

② 觀察營業收入，發現「適合從 1 萬圓開始少額投資的個人」的事業最大，而且比去年同期成長了 2 倍以上，因此可以視這項事業為賣得最好的商品。

藉由調查營收占比特別高、有成長空間的商品、服務的需求來預測這家公司的發展性。

③ 單看營業毛利率，確實是「適合從 1 億圓以上開始投資的個人、法人」最高，因此不難想像這項事業創造出最大的附加價值。然而，（這個問題沒有提到）這項事業的營業收入約 4 億 3900 萬圓，只占了全體的 3%左右。

更別說營業收入還比去年同期減少了 3 成左右（29.7%）。無論毛利率再高，倘若營業收入沒有成長，就應該視其為沒有需求的事業。**重點不是毛利率最高的事業，而是能賺最多錢的事業。**

④ 看來營業收入最有成長空間的「適合從 1 萬圓開始少額投資的個人」事業，應該是將來能為這家公司賺最多錢的金雞母，甚至可以說這項事業的成功與否將左右將來的股價。因此，決定實際嘗試這項最有賺頭的服務，可以說是非常有遠見的投資行為。

POINT **掌握事業的構成，把審視的重點放在營業收入與毛利最高的部分。**

Q 63 如何解讀同類型產業的財務資料簡報？

下列資料摘錄自 CREAL（2998）和 WealthNavi（7342）的財務報表，根據資料深入研究時，請選出**所有正確**的思考邏輯。

CREAL 的財務資料簡報

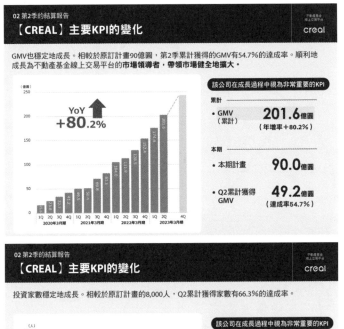

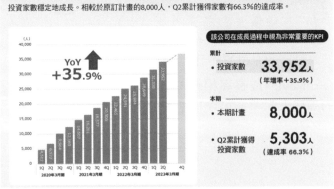

※KPI 是指「關鍵績效指標」，GMV 則是「商品交易總額」的意思，這裡是指對「適合想從 1 萬圓開始少額投資的個人」的事業「CREAL」的投資金額。

CREAL 財務資料簡報

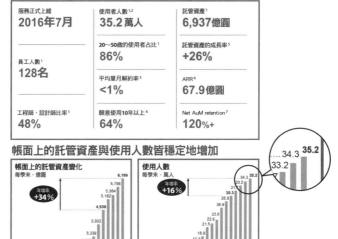

WealthNavi
財務資料簡報

❶ 計算下來，**CREAL**平均每位使用者的投資金額約60萬圓，**WealthNavi**平均每位使用者的投資金額約200萬圓。 可見**CREAL**少額投資的小資族用戶比較多。

❷ **CREAL**的託管資產比去年同期增加了**80％**，**WealthNavi**同樣增加了**26％**，但事業的成長率以**CREAL**較高。

❸ 假如**CREAL**成長到與現在的**WealthNavi**一樣大的規模， 從公司的事業規模來計算， 市值將可以成長到**10倍以上**。

❹ **WealthNavi**的成長率相較於**CREAL**略顯鈍化， 因此從商業模式的高峰來判斷， 可以想見**WealthNavi**會先陷入瓶頸。

提示👆 與商業模式差不多的其他競爭對手比較，就能預測未來業績的成長空間。

正確答案

❶ ❷
❸ ❹
以上皆是

解說

① 每個人的平均投資金額可以用（託管資產總金額 ÷ 投資家數）計算出來。

CREAL：201.6 億圓 ÷3 萬 3952 人＝約 59.4 萬圓

WealthNavi：6937 億圓 ÷35 萬 2000 人＝約 197.1 萬圓

單看每個人的平均投資金額可以發現，CREAL 有比較多少額投資的小資族用戶。

② 根據財務資料簡報可以看出兩家公司比去年同期成長的百分比，顯然是 CREAL 的成長率比較高。

③ 比較 CREAL 和 WealthNavi 時，WealthNavi 的投資人（服務的使用者）是 CREAL 的 10 倍以上、託管資產的合計金額更高報 CREAL 的 34 倍以上，可見 WealthNavi 比較占優勢。因此若假設 CREAL 的事業能成長到與 WealthNavi 一樣大的規模，就能期待有 10 ～ 30 倍左右的成長空間。想當然耳，市場規模及服務內容還是有不同的部分，因此不能一概而論，**但應該可以樂觀地期待 CREAL 的事業規模至少能擴大 10 倍以上。**

④ 從幫顧客管理資產賺取手續費的商業模式來看，WealthNavi 和 CREAL 都是一樣的，但是以事業體而言，WealthNavi 是走在前面的開拓者。

為了追上 WealthNavi 今後的成長率也可以看出這門生意的天花板（營業收入開始陷入瓶頸的那條線）在哪裡。投資 CREAL 時，不妨一面觀察 WealthNavi 的業務變化，摸索賣出股票的時間點。

POINT ▶ **參考在相同的產業中獨占龍頭的公司事業規模，來計算還有多少的潛力及成長空間。**

Q 64 如何利用「IPO 後的投資」 來獲利？

在思考要不要投資剛上市的公司時，最後篩選到剩下 **3** 家公司。
下方是研究事業內容和線圖情報的思考邏輯，請選出所有**不恰當**
的想法。

ELEMENTS【5246】

運用生物辨識、影像解析、機器學習技術的數位身分驗證服務

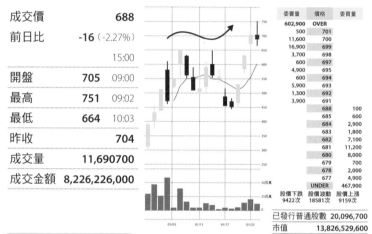

成交價	688
前日比	-16（-2.27%）
	15:00
開盤	705　09:00
最高	751　09:02
最低	664　10:03
昨收	704
成交量	11,690700
成交金額	8,226,226,000

委賣量	價格	委買量
602,900	OVER	
500	701	
11,600	700	
16,900	699	
3,700	698	
600	697	
4,900	695	
600	694	
5,900	693	
1,300	692	
3,900	691	
	688	100
	685	600
	684	2,900
	683	1,800
	682	7,100
	681	11,200
	680	8,000
	679	700
	678	2,000
	677	4,900
	UNDER	467,900

股價下跌	股價波動	股價上漲
9422次	18581次	9159次

已發行普通股數　20,096,700
市值　　　　　13,826,529,600

BASE FOOD【2936】

開發、販賣以完美營養主食為中心的「**BASE FOOD**」系列

成交價	401
前日比	-8（-1.96%）
	15:00
開盤	402　09:00
最高	414　09:01
最低	392　10:00
昨收	409
成交量	324,700
成交金額	129,694,000

委賣量	價格	委買量
203,000	OVER	
2,000	412	
1,100	411	
700	410	
4,500	409	
9,600	408	
4,300	407	
2,300	406	
2,700	405	
100	404	
1,400	403	
	401	200
	400	2,800
	399	1,500
	398	3,300
	397	5,900
	396	10,300
	395	1,600
	394	4,700
	393	11,700
	392	6,100
	UNDER	124,000

股價下跌	股價波動	股價上漲
330次	612次	282次

已發行普通股數　50,869,700
市值　　　　　20,398,749,700

GENOVA【9341】

經營醫療資訊網站及販賣自動繳費機給診所等等

成交價	1,592	
前日比	-58	(-3.52%)
		15:00
開盤	1,660	09:00
最高	1,660	09:00
最低	1,584	14:44
昨收	1,650	
成交量	147,600	
成交金額	237,555,000	

委賣量	價格	委買量
150,300	OVER	
400	1,606	
400	1,605	
100	1,604	
200	1,603	
400	1,602	
200	1,601	
200	1,600	
300	1,599	
100	1,597	
600	1,594	
	1,592	700
	1,591	200
	1,590	400
	1,589	1,200
	1,588	200
	1,587	800
	1,586	1,500
	1,585	900
	1,584	1,000
	1,583	200
	UNDER	58,300

股價下跌	股價波動	股價上漲
390次	637次	247次

已發行普通股數 16,912,100
市值 26,924,063,200

❶ 光靠股價線圖的形狀和市值來判斷的話，市值最小、線型也不錯的ELEMENTS似乎很值得投資。只不過，這家公司剛上市，還無法畫出中期移動平均線，因此現階段還無法認定是明確的上升趨勢。

❷ BASE FOOD上市後股價一路下跌，最近開始帶量上漲，因此只要先了解上漲的原因是什麼，或許就能成為絕佳的買點。

❸ GENOVA上市後成交量一路降低，再加上市值約270億圓，比其他2家公司大得多，因此現階段最好不要投資。

❹ 這3家公司推出的商業模式似乎都有市場需求，因此應該立刻投資市值最小、股價線圖也處於上升趨勢的ELEMENTS。

提示 股價線圖的基本解讀方式是要在剛開始上漲的時候「買進」、剛開始下跌的時候「賣出」，除此之外都不要考慮。

正確答案

❸ ❹

解說

　　「IPO 後的投資」，是指買進剛上市的公司股票，看準股價一定會上漲，賺取價差的投資手法。

　　這一題可以得到「事業內容」、「股價線圖」、「市值」等 3 種資料。這些資料並不足以做出投資判斷，在這是為了幫助各位讀者用來理解思考的方向。

　　① 光看這 3 支個股的股價線型，ELEMENTS 比較有潛力，不過 ELEMENTS 才剛上市，股價還不穩定，這時就要判斷為上升趨勢似乎有點冒險。

　　② BASE FOOD 上市後成交量立刻減少，股價也一路走跌，但最近開始帶大量急速上漲。現階段還無法斷定股價的下降趨勢是不是已經結束了，**但是只要搞清楚股價上漲的原因，就可能成為絕佳的投資時機。**

　　③ GENOVA 的市值約 270 億圓，比另外 2 家大，但這樣的市值還在集中投資小型股可以容許的範圍之內。另一方面，股價也還不算處於上升趨勢，而且這家公司也才剛上市，還無法畫出中期移動平均線，因此現階段就要排除在投資標的外似乎也言之過早。

　　④ 如果是光看股價線圖做出買賣判斷的短期當沖，或許會認為現在馬上就可以投資。只不過，我並不推薦大家當沖。

　　請仔細地調查公司的業績及成長性，參考股價線圖，研究買賣的時間點。現階段認為要立即投資，有點言之過早。

POINT 　不要對剛上市沒多久的公司做出操之過急的判斷。

Q65 如何考量投資具有成長性的虧損公司？

下列是針對各家公司業績變化的思考邏輯，請選出**所有不恰當**的想法。

ELEMENTS【5246】

運用生物辨識、影像解析、機器學習技術的數位身分驗證服務

公司業績的資料（5年份）

	2017年11月	2018年11月	2019年11月	2020年11月	2021年11月
營業收入（百萬圓）	77	431	346	949	1,362
經常利益（百萬圓）	▲641	▲339	▲410	▲935	▲695
本期淨利（百萬圓）	▲714	▲557	▲474	▲800	▲569
淨資產額（百萬圓）	706	2,681	2,394	1,987	1,270
每股淨值（圓）	▲8,274	▲13,063	▲17,107	▲199	▲242
每股盈餘（圓）	▲6,092	▲4,751	▲4,044	▲61	▲43
自有資本比率（%）	54.5	83.5	80.3	54.7	38.1
股東權益報酬率（%）	-	-	-	-	-

※截至2019年11月期為單獨結算，自2020年11月期開始為合併結算。
※自2020年11月期起，反映了每股拆分成100股的股票分割。
●2022年11月期累計至第3季的營業收入為1,257百萬圓、經常損失▲458百萬圓。透過IPO得到的資金將轉為人事費用，用來充作個人認證解決方案及個人最適化解決方案的營運資金。

BASE FOOD【2936】

開發、販賣以完美營養主食為中心的「BASE FOOD」系列

公司業績的資料（5年份）

	2018年2月	2019年2月	2020年2月	2021年2月	2022年2月
營業收入（百萬圓）	36	166	423	1,523	5,546
經常利益（百萬圓）	▲43	▲156	▲427	▲158	▲461
本期淨利（百萬圓）	▲44	▲165	▲465	▲164	▲463
淨資產額（百萬圓）	66	1	▲90	133	643
每股淨值（圓）	▲129,507	▲775,224	▲2,599,665	▲32	▲55
每股盈餘（圓）	▲178,430	▲645,716	▲1,824,441	▲6	▲19
自有資本比率（%）	71.8	0.1	▲96.5	26.6	40.4
股東權益報酬率（%）	-	-	-	-	-

※自2021年2月期起，反映了每股拆分成100,000股的股票分割。
●2023年2月期累計至第2季的營業收入為4,584百萬圓、經常利益-376百萬圓。透過IPO得到的資金將用於行銷費用2,470百萬圓（2023年2月期：140百萬圓、2024年2月期：798百萬圓、2025年2月期以後：1,530百萬圓）及人才相關費用708百萬圓（2023年2月期：50百萬圓、2024年2月期：283百萬圓、2025年2月期以後：373百萬圓）。●2023年2月期累計至第2季的營業收入為4,584百萬圓、經常利益-376百萬圓。透過IPO得到的資金將用於行銷費用2,470百萬圓 2023年2月期：140百萬圓、2024年2月期：798百萬圓、2025年2月期以後：1,530百萬圓）及人才相關費用708百萬圓 2023年2月期：50百萬圓、2024年2月期：283百萬圓、2025年2月期以後：373百萬圓）。

GENOVA【9341】

經營醫療資訊網站及販賣自動繳費機給診所等等

公司業績的資料（5年份）

	2018年3月	2019年3月	2020年3月	2021年3月	2022年3月
營業收入（百萬圓）	1,824	2,222	2,485	3,769	4,802
經常利益（百萬圓）	25	71	62	804	1,059
本期淨利（百萬圓）	▲92	40	87	629	686
淨資產額（百萬圓）	6	45	133	777	1,492
每股淨值（圓）	679	5,739	16,824	49	92
每股盈餘（圓）	▲11,826	5,060	11,085	40	43
自有資本比率（％）	0.9	7.6	15.5	41.0	52.7
股東權益報酬率（％）	-	157.7	98.3	138.9	60.9

※截至2021年3月期為單獨結算，自2021年3月期開始為合併結算。
※自2021年3月期起，反映了每股拆分成2,000股的股票分割。
•2023年3月期累計至第2季的營業收入為2,916百萬圓、經常利益達成699百萬圓的目標。透過IPO得到的資金將用於招募人才的費用及教育費等人事費用、擴充營業據點。

❶ 雖然情況各有不同，但基本上這3家公司的營業收入都穩定成長，推出了消費者需要的商品、服務。除了**GENOVA**以外，另外2家公司都處於虧損的狀態，但營業收入成長得相當迅速，因此現階段就算繼續虧損也沒有問題。

❷ **ELEMENTS**是一家科技公司，因此在公司的成長階段因為有些前期投資，難免出現虧損。只要具備高度的技術能力，擺脫赤字只是時間的問題，因此只要營業收入繼續成長，就不必那麼在意赤字。

❸ **BASE FOOD**現階段也處於虧損的狀態，幸好虧損的程度只占了營業收入的8％，不算嚴重，因此轉虧為盈應該只是時間的問題。近期的營業收入連續2年都有超過3倍的成長率，因此就算目前還在虧損，依舊是很吸引人的投資標的。

❹ **GENOVA**的帳面上沒有赤字，因此可以想見其事業內容能確實地創造獲利。營業收入的成長率雖然不如另外2家公司，利益率約20％，算是腳踏實地的經營，因此投資風險也比另外2家公司低。

提示 👆 營業收入與消費者對公司的商品、服務的需求成正比，利益則與公司的商品、服務帶給消費者的附加價值成正比。

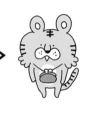

正確答案

①②③

解說

　　剛上市沒多久的小型股通常都做好了某段期間可能會一直虧損的心理準備，為了擴大事業版圖而優先進行前期投資。

　　但也不能因此就不把虧損當回事。不管營業收入再怎麼增加，只要持續虧損，公司就經營不下去。

　　因此原則上盡量不要投資虧損的公司，就算真要投資，也要仔細觀察。重點在於「話說回來，這是可以賺錢的商業模式嗎？要到什麼時候才能轉虧為盈呢？轉虧為盈後的利益率又是多少？」

　　①認為營業收入成長，虧損就不足為懼的判斷基本上就錯了。

　　②就算有技術能力，也不見得能擺脫赤字。倘若那項技術能力無法應用在商品、服務上，無法提供給消費者高的附加價值，最終依舊無法為公司帶來利潤。

　　③就算虧損的比例不大也不能掉以輕心，必須仔細地調查虧損的原因與將來有沒有機會轉虧為盈。

　　④GENOVA 是 3 家公司中唯一沒有赤字的公司，因此可以判斷這是一家能提供附加價值給消費者的公司。

　　接下來如果要繼續深入研究這支個股，可以調查 ELEMENTS 和 BASE FOOD「為什麼會虧損？把錢花到哪裡去了？有機會轉虧為盈嗎？」

　　既然 GENOVA 的帳面上沒有赤字，就要檢視「事業內容、市場規模、大股東、主要的經營團隊、今後的成長性」等等。

POINT 　如果充滿成長性，但帳面上有虧損的公司，請仔細地研究虧損的原因。

Q 66 如何判讀營業收入的成長率？

下列是繼續深入研究 ELEMENTS（5246）相關資料時的思考邏輯，請選出**所有不恰當**的想法。

> **ELEMENTS【5246】**
>
> 運用生物辨識、影像解析、機器學習技術的數位身分驗證服務。

成長策略：在現有業界擴大市場占有率

打入各業界的龍頭企業，促使他們從競爭對手SIer公司改用自家公司的產品

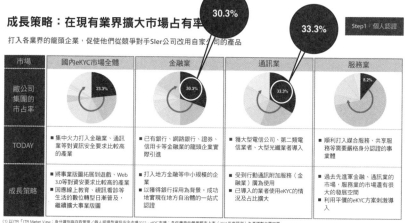

市場	國內eKYC市場全體	金融業	通訊業	服務業
敝公司集團的市占率	23.3%	30.3%	33.3%	8.2%
TODAY	■集中火力打入金融業、通訊業等對資訊安全要求比較高的產業	■已有銀行、網路銀行、證券、信用卡等金融業的龍頭企業實際引進	■獨大型電信公司、第二類電信業者、大型光纖業者導入	■順利打入媒合服務、共享服務等需要嚴格身分認證的事業體
成長策略	■將事業版圖拓展到遊戲、Web 3.0等資安要求比較高的產業 ■因應線上教育、視訊看診等生活的數位轉型日漸普及，繼續擴大事業版圖	■打入地方金融等中小規模的企業 ■以獲得銀行採用為背景，成功地實現在地方自治體的一站式認證	■受到行動通訊附加服務（金融業）屬為使用 ■已導入的業者使用eKYC的情況及占比擴大	■過去先進審查金融、通訊業的市場，服務業的市場還有很大的發展空間 ■利用平價的eKYC方案刺激導入

(1) 以ITR「ITR Market View：身分識別與存取管理／個人認證型資訊安全市場2022」，eKYC市場：各供應商的營業額市占率（2021年度預測）為基礎製作繪圖

2023年11月期
合併業績預估重點摘要

- ■ 預估個人認證營業收入可望達1,661百萬圓（比上期＋444百萬圓／＋36%）

- ■ 受到個人認證的成長動能牽引，各階段的損益皆有望改善

- ■ 認為對於員工的激勵及長期的承諾應與股票價值最大化互為表裡，決定加強員工認股

- ■ EBITDA是指稅前息前折舊攤銷前的獲利
  EBITDA＝營業利益＋折舊＋股票報酬費用

（百萬圓）	2022年11月期（實際成果）	2022年11月期（預估）	成長率	
營業收入	1,651	1,930	+279	+17%
EBITDA	-573	-348	+225	-
營業利益	-579	-636	-57	-
歸屬於母公司業主之權益（本期淨損益）	-561	-670	-109	

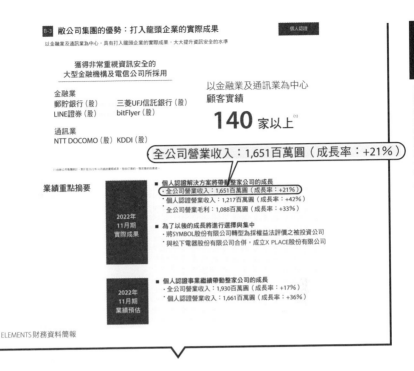

ELEMENTS財務資料簡報

❶ 能夠獲得郵貯銀行、三菱UFJ信託銀行、NTT DOCOMO等大型金融機構及電信公司的導入使用，這些實際成果足以證明ELEMENTS的商品很有潛力，所以才能受到這些大公司的青睞，但是明明有這麼多大企業採用，營業收入卻只有16億圓，似乎有點太少了。

❷ 整家公司的營業收入比前期成長了21％，但營業收入只有16億圓，規模尚小，因此成長率應該要再高一點才行。

❸ 金融業及通訊業的市占率超過30％，可見市場確實有其需求。只要市占率照這樣繼續成長，光是在現有業界，股價就有充分成長到10倍以上的空間。

❹ 預估2023年11月期的營業收入只比2022年11月期增加17％，略顯保守。光靠這些資料無法判斷是刻意提出比較消極的數字，還是營業收入的成長性已經來到極限了。

提示 👇 在其產業的市場占有率（市占率）已經很大的公司，可以想見未來的成長空間也比較有限。

正確答案

❸

解說

①固然擁有營業額多達數千億圓或數兆圓規模的大企業導入的實際成果，但是 ELEMENTS 本身的營業收入卻只有 16 億圓，給人略少的印象。可能是還在測試階段，尚未正式引進。

②考慮到營業收入只有 16 億圓可能還在成長中的階段，假如 ELEMENTS 提供的產品是劃時代的商品，營業收入的成長率未來將比現在更高也不足為奇。

但也可能是因為現階段的技術能力與其他競爭對手並沒有太大的差別。

③市占率在現有業界超過 30％，表示市場確實有其需求，但是在營業收入只有 16 億圓的現階段，市占率已經超過 30％，就算未來能拿下 100％的市場，在現有業界的成長率頂多也只有 3 倍左右。

④本期的營業收入明明比上一期多了 21％，對於下一期的營業收入預估卻下修到 17％，略顯保守。

如果是營業收入的規模還小的公司，成長率三級跳並不意外，所以可能是事業規模的天花板低得驚人。

能被知名的大企業採用固然是很理想的實際成果，但是對於我們這些投資人而言，重點在於未來的成長空間。無論事業體再優秀，只要未來的業績沒有成長，股價就不可能上漲。若能從這個觀點冷靜地思考，比較容易看清楚應該投資哪家公司。

POINT **明明營業收入的規模還很小，成長率卻極為有限的話，就要再三考慮了。**

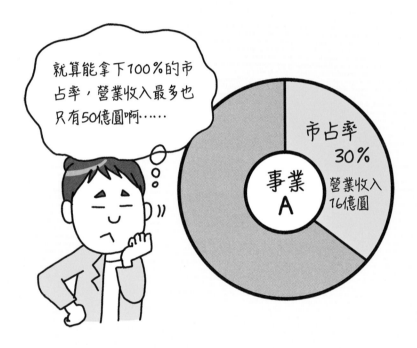

Q 67 如何判斷要不要投資預計開拓新領域的公司？

下列是繼續深入研究 **BASE FOOD**（**2936**）相關資料時的思考邏輯，請選出**所有不恰當**的想法。

BASE FOOD【2936】

開發、販賣以完美營養主食為中心的「BASE FOOD」系列。

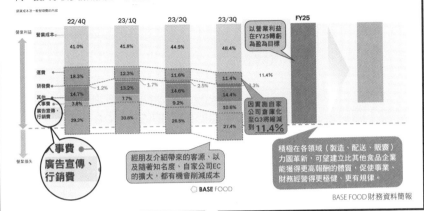

獲得高利益水準的蓋然性

以高商品附加價值及品質為武器，達成高毛率的目標。本期為了加強研發，包括人事費用在內，投入了很多前期投資，今後隨著知名度的上升及規模經濟的優勢將進行成本的削減。

BASE FOOD 財務資料簡報

❶ 營業收入比去年同期增加了**92％**，營業毛利同樣增加**68.7％**，可見事業正以勢如破竹的速度成長。**EC**營收率為**73％**，而實際店鋪的拓點也還有非常大的成長空間，因此光靠實體店鋪的營收擴展就有**10倍**的成長空間。

❷ 擔心繼續虧損，將30％左右的「銷貨成本及一般管理費」投入於「廣告宣傳、行銷費用」。只要能爭取到回籠客就能削減這項成本，成長為能確實獲利的商業模式。

❸ 「自家公司**EC**」的營業收入占了非常高的比例，證明不用依賴其他公司的**EC**也能販賣產品，已經澈底地打好了事業基礎。

❹ 訂閱制的會員人數約**14.8萬人**，在便利商店的上架率（有進貨的商店比率）為**46.7％**，可見已經有些普及，因此光靠目前的業務，業績的成長極為有限。只不過，健康食品的市場正不斷擴大，因此似乎還有成長空間。

---

26 電子商務（Electronic Commerce），透過網路方式進行的交易活動。

提示 即使現階段因為前期投資而導致虧損，只要建立起獲利的商業模式就不用擔心。

正確答案

①

解說

① 營業收入高達幾十億圓規模，比去年同期增加了 92％，成長了近 2 倍，足以證明市場需要其商品、服務。只不過，如果以現有的事業來說，要說是不是還有 10 倍的成長動能，我個人認為沒這麼樂觀。

若「未鋪貨店鋪數 74,362 家」已經鋪貨「27,191 家」，未來全部開店的話達成率約 37％，**這部分的成長空間頂多只有 2 ～ 3 倍。**

訂閱制會員人數約 14.8 萬人，從日本的人口來看，或許會覺得還有很大的成長空間，但是從「完美營養主食」這項商品的特性來看，願意定期購買的客層還是很有限。

可以想見市場規模的最大值為「健身市場」，也就是會定期上健身房，非常注重健康的人。日本國內健身房的會員總數據說有 500 萬人左右，其中有 3 成左右都是所謂的「幽靈會員」，因此真正定期上健身房的人大概只有 350 萬人左右。

換句話說，可以將 350 萬人視為現階段市場規模的最大值。只要 350 萬人中，每 10 人有 1 人願意加入訂閱制的話，就會有 35 萬名會員。因此若從這點來預估可以期待的成長空間，頂多也只能再成長 2 ～ 3 倍就到頂了。

當然，以上只是預測，倘若「完美營養主食」能掀起令人跌破眼鏡的大流行，爭取到原本就很重視健康的人以外的客層，那又另當別論了。

② 明知會虧損，還是把將近 30％ 的銷貨成本及一般管理費投入於「廣告宣傳、行銷費用」，表示公司的經營方針是比起眼前的利益，更重視事業的擴大。

這個策略有利有弊，如果確實為消費者所需要的商業模式能順利地打入市場，就能擴大市占率，獲取龐大的利益。

但也有可能提升了商品、服務的知名度，卻只是一時的流行，風潮退了就乏人問津。這麼一來，都還沒來得及回收投資的金額，營業收入就先銳減了。

如果因此停止廣告宣傳、促銷活動，業績就一落千丈，股價也開始崩跌。為了搞清楚這一點，最大的重點在於「增加多少回籠客」。

③「自家公司 EC」的營業收入占非常高的比例，證明不用依賴其他公司的 EC 也能靠自家公司的力量吸引顧客上門，因此可以說是已經打下了堅實的經營基礎。

④ 我認為 BASE FOOD 的經營團隊若能將其主力商品，也就是完美營養主食推廣到「預防保健」的市場，成長空間將更為擴大。

重點在於現在即使虧損，也要檢查將來能不能確實獲利！

POINT 預測新領域的事業能否取代客層重疊的現有事業，及其市場規模。

Q 68 可以從「營收結構」判斷出什麼？

下列是繼續深入研究 GENOVA（9341）相關資料時的思考邏輯，
請選出**所有不恰當**的想法。

GENOVA【9341】

經營醫療資訊網站及販賣自動繳費機給診所等等。

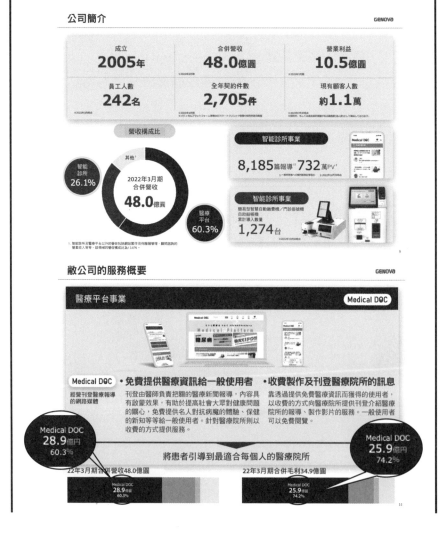

敝公司的服務概要

GENOVA

智能診所事業

NOMOCa-Stand　　NOMOCa-Regi　　CLINIC BOT

NOMOCa-Stand
簡易型智慧自動繳費機/門診掛號機

- 患者自己就能簡單付款的無人自動繳費機
- 門診自動掛號機

NOMOCa-Regi
診所專用的自動結帳機

- 可以讓患者自己付款的有人自助結帳機

CLINIC BOT
針對醫療院所的LINE聊天機器人系統

- 透過通訊軟體「LINE」進行AI客服、預約管理/患者管理、傳送訊息的系統

NOMOCa-Stand
累積導入件數 **697台**
患者本人觸碰螢幕就可以自助付款的「NOMOCa-Stand」。搭載各種能讓會計業務自動化、更有效率地的功能，在減輕醫療結帳及候診的壓力同時也能消除醫院雇不到人或人手不足的問題。
平均一台單價 314萬圓（含稅）

NOMOCa-Regi
累積導入件數 **342台**
透過與電子病歷及醫藥會計系統連動的「NOMOCa-Regi」可以正確又快速地收取現金及第一時間確認看診記錄。除了可以減輕櫃台人員每天對帳的作業負擔之外，也能避免因現金產生的糾紛。
平均一台單價 194萬圓（含稅）

CLINIC BOT
累積導入件數 **223件**
可以直接利用「LINE」向病人問診的CLINIC BOT。透過簡單的管理畫面來進行AI客服、預約管理/患者管理、傳送訊息，讓⋯⋯

解決醫療事務業務⋯⋯

NOMOCa **11.0**億圓 23.0%　　CLINIC BOT **1.4**億圓 3.1%

NOMOCa **4.1**億圓 11.8%　　CLINIC BOT **1.2**億圓 3.6%

22年3月期合併毛利　48.0億圓

NOMOCa **11.0**億圓 23.0%　CLINIC BOT **1.4**億圓 3.1%

22年3月期合併毛利　34.9億圓

NOMOCa **4.1**億圓 11.8%　CLINIC BOT **1.2**億圓 3.6%

13

同業比較

GENOVA

醫療平台事業　Medical DOC

敝公司致力於提供資訊給患者及一般使用者，向醫療院所收取費用。在這個領域一共有2家具有競爭關係的公司，Medical DOC 是站在第三者的角度來介紹醫療院所的特徵，在收益化這部分與另外兩家公司不一樣。

預估PV數
（月間）

網站名稱	Medical DOC	A公司	B公司
預估PV數（月間）	約700萬	約3,250萬	約3,540萬
開始年月	2017年8月	2006年	2009年
經營理念	以消除使用者的不安與不滿為目標的醫療媒體。是使用者及醫療院所雙方都可以使用的服務。使用者可以知道自己該去哪家醫療院所看診，醫療院所也能對上門求助的患者提供更正確的療程。	可以搜尋到全國的診所、醫院。醫生資料的地區型醫療資訊網站。也同時經營部分求職網站。	不只醫療設施，也提供各種不同產業的約診服務網站。

智能診所事業　NOMOCa-Stand

-跨院互通
選擇敝公司的原因之一是因為敝公司的NOMOCa-Stand能藉由電子病歷表（Receipt Computer）的跨院互通有效率地提升會計作業。與許多業者都能共用，所以銷售數量一路成長。

-體積
敝公司鎖定的牙醫診所通常都沒有足夠的面積可以設置機器，因此敝公司研發出業界最小體積（長×寬×高加總）的產品，以便更多的醫療院所都可以採用。

-保守、擴張性
在日本全國共有6個據點，我們從遠端進行維修作業，因此可以迅速地處理各種突發狀況。由於是針對醫療所量身打造的工具，也具備門診掛號功能及POS系統、患者管理應用程式等可以擴充的功能。

企業名稱	敝公司	C公司	D公司	E公司
電子病歷表跨院互通	50家以上	幾家	幾家	幾家
體積	最小	–	–	–
遠端維修	○	×	×	×
據點數	5	1	1	2
門診掛號功能	○	△	×	×
POS系統	○	△	×	×
患者管理應用程式	○	×	×	○

15

注 請先不要偷看 ！ 下一頁的正確答案！

❶ 仔細看「營收構成比」分成「醫療平台占60.3％、智能診所占26.1％」兩大事業，必須各自詳加分析。

❷ 營收的60.3％為醫療平台事業，占了毛利的74.2％，因此這項事業將對GENOVA今後的股價造成相當大的影響。

❸ 營收的26.1％來自第二大事業體「智能診所」，雖然占營收構成比較少，但可以期待將來有很大的成長空間。因此深入地研究這項事業，調查其與競爭對手的差異性及成長性至關重要。

❹ 主力服務「NOMOCa-Stand」的「預估PV數（月間）」雖然只有其他競爭對手的5分之1，反過來說，這代表只要能提供使用者需要的內容，就有5倍左右的成長空間。

終於來到最後一題了！

提示 👆 請運用目前學到的一切，從股價線圖、市值、內外盤的資訊來對應用篇的問題進行綜合性的判斷。

解說

①營業收入由不只一種事業構成的公司，必須把每個事業分開來思考。基本上，請先從營收或毛利的占比比較高的事業，或者是正急速成長的事業開始研究比較好。

②對 GENOVA 的業績貢獻最多的是「醫療平台事業」。除非其他的事業急劇發展，否則這項事業的業績變化可以說是直接影響股價漲跌的最關鍵因素。

③第二大事業體「智能診所」的營收占比較低，因此也讓人感覺到具有成長空間。問題是，再看看營業毛利，只占整家公司的15％左右。經營一家公司的基礎在於選擇與集中。與其把精神放在毛利率比較低的事業，還不如把資源集中在毛利率比較高的事業，才能更有效率地擴大整家公司的事業版圖。因此如果要預測 GENOVA 今後的成長動能，請務必仔細地研究主力事業，亦即醫療平台事業。

④在預估經營網路事業的公司有多大的成長空間時，比較與其他公司的 PV（瀏覽次數）數具有很大的參考價值。不妨將成長空間設定為與已經先打入市場的公司之間的差距。

實際上不只 PV，還可以比較會員人數或 UU（不重複使用者）等，用以提升預測成長空間的精準度。

最重要的一點是能否提供使用者需要的內容。為了釐清這一點，檢查「Medical DOC」的口碑，或者是自己實際使用看看都是很有效的做法。

正確答案

❸

POINT ▷ **著眼於影響股價最大的主力事業的業績。**

寫在最後

從超基礎篇到應用篇一共 68 個問題，採一問一答式的股票練習題，各位答對了幾題呢？

後半部分的問題增加了許多股價線圖及內外盤、事業內容的說明資料及相關數據等等，腦袋是不是都快要冒煙了呢？

就連構思這些問題的我，在寫這本書的時候也重新絞盡了腦汁，不只絞盡腦汁，也傷透了腦筋（笑）。

本書是以我自己也付諸實行，曾經只靠一支股票就獲利上億圓的「集中投資小型股」為基礎，採取從每個問題的選項導出正確解答的方式。

當然，實際的股市才沒有這麼單純，「股價」是由各式各樣的要素錯綜複雜交織在一起的結果。

隨著大前提的狀況產生變化，加入不同的訊息，原本某個問題「不正確」的選項可能也會變成「正確答案」，反之亦然。

由此可知，重點在於要保持有彈性的思考，至於能選出多少的「正確答案」其實不是那麼重要。

比起盡可能全部答對，得到許多過去沒有意識到的「新發現」，更重要的是發現，原來還有這種思考邏輯。

為了讓各位更能淺顯易懂地掌握到重點，本書刻意降低問題的資訊量來出題，但是，在股票市場中，必須從無數的資訊裡靠自己篩選出必要的資訊。而且，實際投資時，才沒有人會好心地準備好 4 個選項，問你「要選哪一個？」光是日本的股票市場就有將近 4000 家上市公司，因此必須從無數的選擇中靠自己找出「答案」才行。

從這個角度來思考，就連本書的問題及選項，也要在自己的腦海中與自己討論「不不不，在這種條件下，這個選項也是正確解答吧？」、「這是正確解答，但不正確是因為這個原因嗎？」這麼一來才能真正靠自己的力量進入股市，對嗎？

一旦真的要開始投資，必須從多如繁星的資訊裡挑出真正需要的資訊，根據挑選出來的資訊，在沒有唯一絕對正確解答的情況下，自己引導出最好的答案。如果能透過這本書拓展你思考的視角，將是筆者莫大的榮幸。

此外，「集中投資小型股」的思考邏輯是本書的基礎，以下兩本拙作充滿了這種思考邏輯。如果想對集中投資小型股有更深一層的了解，也可以配合我的前兩本著作來閱讀。

除此之外，也歡迎大家到我主辦的「投資社團 ixi」來玩。

最後，本書是「集中投資小型股賺 1 億圓」系列的第三部作品，請容我在此向負責編輯這本書的鑽石社編輯齋藤順先生、設計師渡邊雄哉先生、插畫家勝山惠子女士，以及所有的相關人員致上最深的謝意。

真的非常感謝各位的幫忙！

2023 年 7 月

遠藤 洋

富能量 117

我投資小型股，33 歲 FIRE

專挑一年會漲 3 倍的雪球小型股，選股達人心法 68 問

作　　者：遠藤洋
譯　　者：賴惠鈴
責任編輯：賴秉薇
文字協力：楊心怡
封面設計：Bianco Tsai
內文設計、排版：王氏研創藝術有限公司

總 編 輯：林麗文
主　　編：高佩琳、賴秉薇、蕭歆儀、林宥彤
執行編輯：林靜莉
行銷總監：祝子慧
行銷企劃：林彥伶

出　　版：幸福文化／遠足文化事業股份有限公司
地　　址：231 新北市新店區民權路 108-3 號 8 樓
粉 絲 團：https://www.facebook.com/happinessbookrep/
電　　話：（02）2218-1417
傳　　真：（02）2218-8057

發　　行：遠足文化事業股份有限公司（讀書共和國出版集團）
地　　址：231 新北市新店區民權路 108-2 號 9 樓
電　　話：（02）2218-1417
傳　　真：（02）2218-1142
客服信箱：service@bookrep.com.tw
客服電話：0800-221-029
郵撥帳號：19504465
網　　址：www.bookrep.com.tw

法律顧問：華洋法律事務所 蘇文生律師
印　　製：呈靖彩藝有限公司

初版一刷：2024 年 10 月
定　　價：380 元

國家圖書館出版品預行編目 (CIP) 資料

我投資小型股,33 歲 FIRE：專挑一年會
漲 3 倍的雪球小型股,選股達人心法 68
問 / 遠藤洋著；賴惠鈴譯 .-- 初版 .-- 新
北市：幸福文化出版：遠足文化事業股
份有限公司發行 , 2024.10
　面；　公分

ISBN 978-626-7532-27-0(平裝)

1.CST: 股票投資 2.CST: 問題集

563.53022　　　　　　113013519